Ser Iglesia

Pablo R. Andiñach

Ser Iglesia

WIPF & STOCK · Eugene, Oregon

Wipf and Stock Publishers
199 W 8th Ave, Suite 3
Eugene, OR 97401

Ser Iglesia
By Andiñach, Pablo R.
Copyright©2007 by Andiñach, Pablo R.
ISBN 13: 978-1-4982-9296-2
Publication date 3/8/2016
Previously published by Lumen SRL, 2007

Palabras liminares

De contemplar la apatía y la vacuidad que parecen inundar este tiempo surgieron las primeras intuiciones que condujeron a estas páginas. Buscan volver a pensar en antiguas palabras y gestos que están cargados de sentido pero que exigen una aproximación renovada, un soplo de oxígeno que las revitalice y ponga nuevamente en marcha. Surgen, a la vez, del convencimiento de que sólo cayendo es como sentiremos el vértigo de elevarnos, así como es la sed la que nos permite apreciar la acción reparadora que obra el agua en nuestro cuerpo. Son, en consecuencia, palabras urgentes, que anhelan encontrar al otro para multiplicarse en pasos y pensamientos.

El manuscrito original fue leído y corregido por mi colega en el ministerio pastoral Arne Clausen, y por Nancy Bedford y Guillermo Hansen con quienes comparto la docencia en el Instituto Universitario ISEDET. Los tres aportaron agudas observaciones que fueron incorporadas a veces tan literalmente que merecerían ser marcadas con notas al pie. Las evité para no manchar la austeridad de estilo y en la confianza que esa licencia no quebrará la amistad. No son, por otra parte, las únicas notas adeudadas, pero remitiendo las demás a ideas ya establecidas como rectoras del pensamiento evangélico general lucro con el beneficio de utilizarlas libremente sin necesidad de cargar de referencias el texto y gravar la lectura.

Poco —si acaso algo— de lo que uno escribe puede atribuirse a uno mismo. Debo este libro y sus ideas medulares a quienes me rodean y con quienes comparto los intrincados caminos del evangelio. Mis maestros de ayer y de hoy son una presencia tan intangible como real en mi aproximación a los días y las cosas. De esa multitud destaco a mis padres Esteban y Nilda, ella ya descansando en el Señor, cuyo amor por el evangelio y la Iglesia tan sólo pálidamente es reflejado en estas líneas. A ellos, en representación de tantos otros, dedico esta obra.

P.R.A.

PREFACIO

Este pequeño libro surge de la convicción de que necesitamos reflexionar sobre el sentido de ser Iglesia en el mundo contemporáneo. Somos conscientes de que vivimos en una época de crisis y de rápidos cambios sociales y culturales que han cuestionado el modo de ser Iglesia tanto desde fuera —desde la sociedad donde ésta actúa— como desde dentro de ella misma. Es cuestionada por una sociedad secularizada y poco inclinada a aceptar tutelas institucionales, pero también por cristianos que buscan alternativas dentro de ella, las que se expresan en movimientos de renovación, en duras críticas que surgen desde el interior mismo de la propia Iglesia, en periódicos llamados a cambiar posturas (curiosamente algunos buscan cambiar las llamadas posturas "tradicionales", otros, las que fueron "vanguardia" en las últimas décadas) por otras entendidas por cada quien como más afines a las demandas de estos tiempos. La sociedad ha desarrollado nuevas preguntas y, en cierta medida, ha modificado el propio contexto cultural en el cual la Iglesia actúa y debe ofrecer el evangelio. En consecuencia se le hace imperioso encontrar su lugar y su misión en ese nuevo contexto. Cuando de eso se trata es preciso revisar las preguntas esenciales: ¿Cuál es el fundamento de la Iglesia? ¿Quiénes somos? ¿Quién es el Cristo en el cual creemos? ¿Cuál es la misión de la Iglesia? ¿Qué significan los sacramentos a los que recurrimos? ¿De qué nos salva el evangelio? ¿Qué es el pecado?

A poco de comenzar a organizar la presentación de estos temas, vimos que era imprescindible abordar la relación del creyente con Cristo. Porque la Iglesia está formada por varones y mujeres que testifican una fe personal en el hijo de Dios y sin la cual la Iglesia no tendría ningún sentido. Así, la estructura de esta obra refleja el íntimo convencimiento de que no se puede hablar de la Iglesia si no hablamos de la relación personal de sus miembros con Cristo y de cómo esa relación se establece a través de una particular tradición, de ciertos símbolos y de sacramentos que le dan forma y consistencia. Por esta razón, el lector observará que la segunda sección de este libro es también una reflexión sobre la Iglesia, pero desde la perspectiva de la relación del creyente con Jesús de Nazaret y de sus expresiones simbólicas.

Agua dulce y salada

Ésta es una época donde se combina de una extraña manera una fuerte tendencia a unificar todo bajo comunes denominadores, eso que llamamos la globalización de la cultura, la economía, la ciencia, con una tendencia igualmente fuerte al individualismo. La primera se expresa socialmente en la creación de mercados regionales, en la coordinación de políticas de desarrollo y en la tendencia a superar las barreras nacionales hacia formas comunitarias de relación entre los pueblos. La segunda, al privilegiar el hedonismo y la satisfacción personal como valores indiscutidos. Ambas tendencias son servidoras de un tercer elemento de nuestra época: la ambigüedad conceptual. En ella conviven bendición y maldición, comedia y tragedia, agua dulce con agua salada. Hay valores indiscutibles en el movimiento que entiende la comunidad humana como una sola entidad, compartiendo un solo e irrepetible mundo; pero esa concepción se vuelve peligrosa cuando se observa que tiende a desconocer las características propias de cada pueblo, el valor positivo de lo distinto y a establecer una valoración tendenciosa de los aportes culturales de cada nación, así como cuando oculta la desigualdad y las evidentes injusticias en la distribución de los recursos y el acceso al bienestar. También hay valores personales e individuales que no deben abandonarse en función de una identidad comunitaria, especialmente los relativos a los derechos de la persona y a sus sentimientos. Al fin y al cabo, todos llegamos al mundo como seres individuales y separados del resto, y del mismo modo algún día dejaremos de hollar esta tierra. Pero un excesivo individualismo que olvida que el otro también tiene derechos y que su vida está íntimamente ligada a la nuestra es también una distorsión de la individualidad humana.

En esta situación de nuestra cultura somos llamados a ser Iglesia de Cristo. Este libro está escrito en el contexto mayor de asumir que eso que llamamos Iglesia es una entidad creada por el Espíritu que vive en la encrucijada de ser a la vez comunitaria y lugar donde cada uno tiene un nombre personal; es un espacio de encuentro y mutuo soporte y a la vez un lugar donde se respeta el silencio y las lágrimas sin necesidad de tener que dar explicaciones. La Iglesia es esa entidad que —quizás como ninguna otra— vive en su propia esencia ese doble movimiento que agrupa, pero distingue; que reúne bajo una misma Palabra, pero respeta y valora las palabras de los otros. A la vez, paradójicamente, la Iglesia es ese lugar donde el mensaje de Dios resuena con plena fortaleza, pero también con debilidad. Es fuerte porque se espera que en ella reine, como en ningún otro lugar, que sea reconocido como rector y motor de su vida. Su fortaleza proviene de Cristo mismo y su presencia en la comunidad, pero es a la vez débil porque la Iglesia es la comunidad de los que, sabiendo de esa responsabilidad, también saben de la distancia entre el mensaje de Dios y nuestras expresiones parciales y rudimentarias. Suena débil como la voz de un crucificado porque la Palabra de Dios se manifiesta y comunica a través de nuestras limitadas palabras y fuerzas. Y es ese juego de fortaleza y debilidad el que debe prevenir a la Iglesia cristiana de sentirse orgullosa de sí misma o de ponerse como ejemplo para el mundo. Cuando así lo hace deviene más en la caricatura de la Iglesia que Cristo esperó fundar que en su representante real y efectiva. Con las manos débiles que el Señor nos dio compartimos un mensaje poderoso y transformador. Con nuestra débil voz lo proclamamos.

Una teología evangélica

Es preciso señalar desde un comienzo que esta obra es una reflexión sobre la Iglesia basada en una teología *evangélica*. Eso no significa que sea mejor teología que otras sino que es simplemente aquella en la que desarrollamos nuestra fe y testimonio y en la que sentimos que la fe bíblica se expresa de un modo más genuino. Desde allí valoramos otras expresiones de la Iglesia de Cristo y estamos convencidos que algún día el Espíritu nos sorprenderá a todos fundiéndonos en un solo cuerpo, pero mientras él continúe utilizando los envases denominacionales no es nuestra tarea oponernos a ellos sino vivir la fe allí donde el Señor nos puso y estar abiertos a que su Palabra nos transforme y muestre sus caminos. En esto nos ha ayudado mucho la experiencia del compartir ecuménico en el seno del Consejo Mundial de Iglesias con hermanos y hermanas de la Iglesia Católica Romana y de las Iglesias Ortodoxas donde uno conoce la perspectiva del otro y descubre cuánto hay en común dentro de las diferentes expresiones del cristianismo, así como también se aprende a ver las verdaderas distancias doctrinales y no la mera superficialidad y distorsión con que muchas veces desde distintos lados se ha pretendido presentar la posición del otro, actitud que tanto mal ha hecho al testimonio de los creyentes.

Finalmente, queremos decir que estamos convencidos de que lo mejor que la Iglesia puede aportar a esta sociedad contemporánea es ser verdaderamente Iglesia. La tentación de querer hacer todo está siempre presente, especialmente en un mundo tan necesitado de tantas cosas vitales. Sin embargo, ocurre que mientras hay muchas cosas importantes y necesarias —que pueden ser llevadas a cabo por otras organizaciones—, el ser Iglesia y aportar su especificidad es algo que nadie hará por ella. La tarea de ser Iglesia es quizás la misión más delicada que Dios le encargó a los seres humanos desde el momento que en ella se ponen a prueba nuestra capacidad de ser-con-los-otros y a la vez de preservar nuestra individualidad, y la capacidad de ser-con-Dios y a la vez permanecer fieles a lo humano, como el Creador mismo lo ha querido. Y porque una vez que nos constituimos como Iglesia no hay otro camino que el de compartir el Evangelio que nos ha convocado.

Escribimos sobre la base de nuestra experiencia de ser un pastor de la Iglesia Metodista que ha disfrutado —y aún lo hace— del diálogo y el intercambio con hermanos y hermanas de muy diversos orígenes eclesiales. Esa pluralidad lejos de complicar nuestra fe nos ha permitido vislumbrar la riqueza conceptual y doctrinal de nuestras Iglesias, así como clarificar aquellos aspectos en los cuales las distintas vertientes no llegan aún a encontrarse. Por eso, el lector encontrará que estas páginas no se reducen a exponer la eclesiología en la que vivimos nuestra fe; por el contrario, buscan revisar nuestros conceptos y prácticas para que podamos ir hacia una convergencia donde la diferencia sea comprendida como complementariedad y no como un elemento que nos divide y excluye. Nuestro sentir es que el desafío de ser Iglesia trasciende las denominaciones y nos invita a pensar en una perspectiva amplia que vaya más allá de la provincia donde estamos. En consecuencia, esperamos que estas páginas sean una contribución a todas las denominaciones abiertas al diálogo, que nos ayuden a pensarnos como Iglesia de Cristo y como hijos e hijas de Dios, y a conducirnos a serlo de una mejor manera. No tenemos derecho a negarle al mundo que nos rodea la experiencia de saber que hay una comunidad de personas que se saben rescatadas por Dios y que desean compartir con todos esa buena noticia.

I. Ser Iglesia

1. ¿Pueblo de Dios o Cuerpo de Cristo?

La Iglesia es la comunidad de varones y mujeres reunidos por el Espíritu Santo para manifestar la voluntad de Dios al mundo. Esa condición y esa misión son constitutivos de su ser y en cuanto nos sumergimos en ella vemos que la Iglesia es una experiencia profunda y rica, y que hay muchas otras cosas que la constituyen que se abren como un abanico delante de nosotros.

Por ejemplo, habría que agregar a lo dicho que la Iglesia es un lugar para vivir la fe. También que la Iglesia es la comunidad que debe expresar el amor de Cristo a quienes la rodean. La Iglesia es también una comunidad de alabanza y de estudio de la Palabra. La Iglesia es donde crecemos y donde nos encontramos. Cuando pensamos en la Iglesia no pensamos en un edificio sino en personas, y esas personas son distintas entre sí: en la Iglesia se juntan distintas generaciones; culturas y gustos se mezclan en la Iglesia. Tradiciones y estilos, modos de hablar e ideologías, diversas opciones personales y sociales, todo se mezcla en la Iglesia. Si tenemos todo esto en cuenta, podemos ajustar nuestra primera definición para ir hacia una afirmación —no una definición— más amplia, aunque menos precisa: la Iglesia es un espacio dado por Dios. Estas páginas están destinadas a explorar ese espacio.

La Iglesia como pueblo de Dios

Si continuamos nuestro viaje hacia el sentido de la Iglesia debemos ir hacia dos expresiones que utilizamos para señalarla. Decimos que la Iglesia es el Pueblo de Dios. En el Antiguo Testamento a los israelitas se los denomina "el pueblo de Dios". Ellos son aquellos que el Señor ha elegido para que su Palabra sea comunicada al mundo. Este concepto de ser pueblo de Dios fue entendido en un comienzo como algo exclusivo y limitado a los israelitas. Así se entendía que sólo los que pertenecieran a esa simiente eran verdaderamente "el pueblo de Dios", mientras que los que estaban fuera de esa nación estaban también fuera de la protección de Dios. Pero esta idea ya fue cuestionada en tiempos bíblicos y la narración del libro de Rut muestra cómo una extranjera —Rut era moabita y como tal no pertenecía "al pueblo de Dios"— podía "descubrir" al verdadero Dios y sumarse por propia voluntad a la comunidad de creyentes. Éste no es el único ejemplo en el Antiguo Testamento; en el libro del Éxodo tenemos un ejemplo impresionante. Allí se dice que en el momento de partir de Egipto hacia la liberación de la esclavitud "también subió con Israel una gran multitud de toda clase de gentes" (Ex 12:38). ¿Quiénes eran éstos? El texto no necesita aclararlo porque el lector no tenía dudas de que se refiere a otros pueblos esclavos en Egipto que, viendo el proyecto liberador de Dios, decidieron sumarse a esa gesta. Es importante constatar que lo escueto del texto indica que los israelitas los recibieron sin problemas y que fueron incorporados al resto del pueblo de Dios en ese mismo instante. No hay en toda la narración del Éxodo una sola mención a esta multitud como un grupo separado del resto de Israel. Fueron pueblo de Dios desde el momento que se sumaron a la fe de Israel.

En un segundo momento la pertenencia al pueblo de Dios fue comprendida como una responsabilidad más que como un privilegio. Siempre hubo quienes entendían que ser parte "del pueblo de Dios" les otorgaba privilegios sobre los otros pueblos. Así se sentían protegidos por Dios para hacer lo que en realidad no debían hacer, es decir, aprovecharse del vecino. Pensaban de este modo: "si somos el pueblo que Dios protege y él nos ha elegido nada nos pasará" y "cualquier pecado que cometamos al final nos será perdonado por Dios, que tanto nos ama". De allí a creer que Dios está *obligado* a perdonarnos porque somos su pueblo hay un paso que no es difícil de dar. Contra esta actitud se levantaron los profetas. Ellos anunciaron a Israel que ser pueblo de Dios era una responsabilidad y no un privilegio sobre otras naciones.

Hay una serie de imágenes repartidas en los libros proféticos que hablan del "Día del Señor". Es un buen ejemplo para mostrar esta actitud. El día del Señor es una expresión que refiere al día en que Dios reunirá a las naciones para juzgarlas. Mientras que algunos esperaban que en ese día final el Señor los felicitara por lo buenos y justos que habían sido, los profetas les dicen que en ese día habrá más juicio que felicidad para ellos.

¡Ay de los que desean el Día del Señor!
¿Para qué queréis este día del Señor?
Pues será de tinieblas y no de luz...

(Amós 5:18)

En ningún lugar se dice que el día del Señor tiene que ser necesariamente de juicio y castigo, más bien lo que está en juego es que aquellos que se sienten protegidos por su pertenencia al pueblo de Dios y viven sin cuidar su fe y su vida se encontrarán con que el plan de Dios es otro. El mismo profeta Amós les dice "buscadme y viviréis..." (5:4). Dios no quiere la muerte del pecador sino su conversión.

De modo que con el paso del tiempo se fue haciendo cada vez más claro que ser pueblo de Dios no era un adorno para exhibir ante otros pueblos que no participaban de esa categoría sino una responsabilidad que se debía ejercer en el mundo. La misión del pueblo de Dios era ser testigo ante las naciones de la voluntad de Dios para toda la creación, incluidos aquellos pueblos que aún no lo conocían.

Llegados los tiempos del Nuevo Testamento aquel concepto restrictivo de ser pueblo de Dios estaba aún vivo y en conflicto con la idea de los profetas y otros escritores bíblicos. La llegada del Hijo de Dios iba a dar un vuelco de tal magnitud en la fe de Israel que no todos estaban maduros para entender. A veces juzgamos mal a quienes no entendieron el mensaje de Jesús en su época, pero es preciso recordar que no debe haber sido fácil distinguir entre las palabras del verdadero hijo de Dios de las de tantos otros que se proclamaban el verdadero Mesías. Además es sabido que el mensaje de Jesús desentonaba con el que los ilustrados y doctores de la época entendían que debía ser el mensaje del enviado de Dios. Así se entienden las palabras de Jesús cuando dice:

> *... te alabo padre porque escondiste estas cosas de los sabios y entendidos y las revelaste a los niños...*
>
> (Mateo 11:25);

o cuando el apóstol Pablo nos dice:

> *... lo necio del mundo escogió Dios para avergonzar a los sabios...*
>
> (1 Corintios 1:27).

No es un elogio de la ignorancia ni un llamado a abandonar los estudios sino un modo de decir que la sabiduría de Dios tiene coordenadas distintas de aquellas que los sabios de su época esperaban. La revolución de Jesús puso las cosas en un orden distinto y lo que era sabiduría pasó a ser oscuridad de ignorancia porque la nueva manera de entender la realidad y el mensaje de Dios era haciéndolo a través de la experiencia del Cristo muerto y resucitado. Los que creían que sabían todo se encontraron con las manos vacías.

La Iglesia como cuerpo de Cristo

En el marco de la nueva situación creada por la llegada del Mesías y su mensaje, los creyentes reunidos en la Iglesia naciente comenzaron a entenderse a sí mismos como formando "el cuerpo de Cristo". Esta idea se expresa en varios textos del Nuevo Testamento y, si bien al comienzo era heredera de aquel concepto israelita del pueblo de Dios como comunidad al servicio del prójimo y responsable de comunicar el mensaje de Dios a los pueblos, no tardó en generar también aquella distorsión de los que creían que ser Iglesia era un privilegio y un valor que los colocaba por encima de las demás personas. Veamos dos textos. En 1 Corintios 12:27 se nos dice "vosotros sois el cuerpo de Cristo y miembros cada uno en particular". Esta afirmación se hace en el contexto mayor de un pasaje donde se habla de las tareas que a cada uno le toca realizar en la dinámica de la Iglesia. Unos son llamados a ser maestros, otros predicadores, otros médicos, otros administradores, y así "ser cuerpo de Cristo"; esto significa que debemos ejercer el papel que nos toca en ese cuerpo. La imagen del cuerpo es excelente porque todos sabemos qué pasa cuándo una parte deja de funcionar como debe, aun cuando no sepamos en qué lugar de nuestro organismo está y a veces ni siquiera sabemos qué función cumple. Pero si una parte funciona mal todo el cuerpo se resiente y comienza a dar signos de alarma.

De allí que ser cuerpo de Cristo es una dulce responsabilidad y no un privilegio. Si no hacemos lo que nos toca, en la otra punta del cuerpo alguien se va a lesionar. Si no funcionamos como es debido, en algún lugar se sentirá un dolor o la fiebre hará detener todo el organismo. De modo que decir que la Iglesia es el cuerpo de Cristo es decir que cada miembro tiene una tarea en el plan de Dios que es intransferible e irrepetible. Parte de nuestra responsabilidad es descubrirla. El segundo texto está en Efesios 1:22-23:

> *Y sometió todas las cosas debajo de sus pies, y lo dio por cabeza sobre todas las cosas a la Iglesia, la cual es su cuerpo, la plenitud de Aquel que todo lo llena en todo.*

Este texto es bellísimo y merece que leamos el pasaje completo en donde está ubicado, pero ahora nos interesa detenernos en algunos detalles. Aquí se afirma que Cristo es la cabeza de la Iglesia para luego decir que ésta es su cuerpo. Esta será una imagen recurrente en el Nuevo Testamento que conlleva una densidad superior. Expresa la relación entre Cristo y la Iglesia destacándose que, al ser su cabeza, es quien la gobierna y rige y, por lo tanto, el cuerpo no puede rebelarse contra quien es el órgano central e insustituible y el que le permite vivir y desarrollarse. Dar un paso más sería constatar que el cuerpo tiene sentido si está unido a su cabeza, y que si ese vínculo se rompe no habrá futuro para los distintos miembros.

De modo que el sentido de ser cuerpo de Cristo reside en que él es quien gobierna. Cristo no es un miembro más del cuerpo sino aquel que da sentido a todo el resto. Es curioso constatar cómo a lo largo de la historia los seres humanos nos las hemos ingeniado para transformar el poder de Dios en poder nuestro. Y así, con el correr del tiempo, los mismos cristianos entendieron que todo debía estar "sometido debajo de sus pies", transformando la Iglesia que debía estar al servicio de Cristo en la Iglesia al servicio de la cual debía estar puesto todo lo demás. Al igual que aquellos que entendían erróneamente el concepto de pueblo de Dios como privilegio y no como servicio al mundo, también los cristianos cayeron en el error de entender la Iglesia "cuerpo de Cristo" como aquella a la cual toda la creación le debe pleitesía. El texto de Efesios dice otra cosa: que todo fue sometido a los pies de Cristo y que la Iglesia debe tenerlo a Él como cabeza. Es decir, la Iglesia debe someterse a Cristo que la guía y dirige de acuerdo con su voluntad; esto significa que la Iglesia no debe tener otra orientación que no sea la de Cristo y si la tiene, ha dejado de lado un aspecto esencial de su vocación. Cuando la Iglesia deja de servir al plan de Dios y busca ser servida y adquirir privilegios, muestra que ha abandonado una marca esencial de su ser. En cierta medida, ha dejado de "ser Iglesia".

La Iglesia es pueblo de Dios y es el cuerpo de Cristo. No es ni Dios ni es Cristo. Si la Iglesia olvida lo que es y pretende ser otra cosa pierde sentido y credibilidad. No será la primera vez que las palabras de la Iglesia suenan huecas porque son dichas basadas en el poder terrenal y humano y no fundadas en el servicio al evangelio; pero, por otro lado, una de las experiencias más significativas del creyente es cuando toma conciencia de que ser cristiano es ser parte de un cuerpo mucho más extenso y amplio que la propia congregación donde se reúne regularmente. La Iglesia trasciende fronteras geográficas y temporales, se extiende desde el origen de los tiempos y nos sobrevivirá cuando ya no quede memoria de nosotros; pero la Iglesia que es invencible es la Iglesia de Cristo, la que es sierva del que sufre y compañera del que está solo. Es la Iglesia que resiste la tentación del poder y permanece fiel al mensaje de paz y justicia, de solidaridad y humildad que le ha sido encomendado. Si no es así, su mensaje se torna tibio y gris. Y el Señor sabe distinguir lo genuino de lo que no lo es.

Nadie puede ser Iglesia por nosotros

Ser Iglesia es una identidad irremplazable. Sin embargo, lo interesante de la Iglesia —y lo que la distingue de otras organizaciones sociales— es que su identidad no se constituye a partir de una definición que se dé a sí misma sino que se da en referencia a Cristo. Cristo es la identidad de la Iglesia, pero lo contrario no es igualmente cierto: la Iglesia no es la identidad de Cristo. ¿Qué quiere decir esto?

En primer lugar, que la Iglesia se constituye a partir de la decisión de Cristo de ser cabeza de ella. No es una decisión nuestra. No podemos *técnicamente* fundar una Iglesia porque toda Iglesia es fundada por Cristo mismo a través de la obra del Espíritu Santo. En este sentido, la Iglesia no es una comunidad humana ya que expresa la presencia de Cristo en medio de la gente en ese tiempo y lugar particular. Cristo es quien le da sentido e identidad y sin él la Iglesia pierde toda significación y razón de ser.

Por otro lado, la Iglesia efectivamente es una entidad humana formada por personas que la dirigen, organizan y conducen. La Iglesia es una organización que no puede reclamar que su dimensión espiritual y trascendente la exime de errores e incluso de pecados. Por eso decimos que la Iglesia no es la identidad de Cristo, porque de serlo, por un lado, achacaríamos a Cristo nuestros errores y traspiés y, por el otro, confundiríamos nuestros pensamientos con los suyos. Y lo que es siempre necesario recordar es que si el Señor se digna acercarse a nosotros es por su misericordia y buena voluntad y no porque nosotros lo merezcamos. El libro del Eclesiastés lo dice con extrema belleza:

Porque Dios está en el cielo y tú sobre la tierra.

(5:2)

2. Ser Iglesia evangélica (y católica)

La Iglesia visible y la Iglesia invisible

Es preciso que hablemos de la Iglesia visible y la Iglesia invisible. La Iglesia visible es la que percibimos todos, la que se identifica como tal y que se presenta en sus edificios y con sus autoridades y miembros. Es la Iglesia que es pasible de ser medida con herramientas sociológicas, analizada como cualquier otra entidad humana; que se constituye como una organización y que desarrolla su misión en forma visible y concreta. Podemos decir que es la Iglesia "institución", con las posibilidades y limitaciones que esa condición implica para su vida. Obviamente no la podemos confundir con el edificio que vemos en los barrios —el edificio es el templo, no la Iglesia—; más bien es la comunidad de personas que cualquiera puede observar y analizar en sus virtudes y defectos. Teniendo en cuenta que somos nosotros mismos quienes la formamos, sin duda se encontrarán en ella muchas cosas que podrían hacerse mejor.

Otra dimensión es lo que llamamos la Iglesia invisible. Ésta es la Iglesia de Cristo, es la que está allí donde dos o tres se reúnen en su nombre, que se define por sí misma porque no puede ser reducida a ninguna expresión humana. El Espíritu Santo actúa donde él quiere y no puede estar atado a nuestros gustos, modelos, pensamientos ni a nada en lo que queramos encerrarlo. No se limita a edificios, culturas, denominaciones, idiomas, ni ninguno de nuestros límites naturales. Donde está el Espíritu está la Iglesia de Cristo. Es también la Iglesia a través de los siglos pasados, la de aquellos que nos precedieron en el camino de la fe y que dieron su testimonio, hermanos y hermanas que nunca conoceremos, pero con los cuales nos une la pertenencia al pueblo de Dios. También hay una definición en contrario, tan importante como la otra: la Iglesia invisible es la Iglesia que *no está* aunque estemos parados en la más prestigiosa catedral de la ciudad o junto al más renombrado predicador, si es que el Señor no aprueba lo que allí se está llevando a cabo. La Iglesia invisible es la "verdadera" Iglesia, la que no se funda en nuestras habilidades —es más, se funda a pesar de nuestras conductas e *in*habilidades— sino en la gratuita y generosa gracia de Dios.

Uno de los milagros más cotidianos y menos percibido es que Dios nos concede su presencia invisible en la Iglesia visible que varones y mujeres conformamos. Con esto queremos decir que la Iglesia invisible se hace presente en el mundo a través de la Iglesia visible. Cuando la Iglesia predica, educa, crea vínculos entre las personas, comparte la fe y los sacramentos, entre otras cosas, está haciendo visible una realidad mucho más profunda que es invisible y que trasciende lo que podamos hacer nosotros. Uno podría decir que la tarea de cada miembro es hacer visible aquella dimensión de la presencia de Dios que es y será invisible a los ojos.

Hay algunos elementos que debemos analizar y que nos ayudarán a comprender mejor la naturaleza de la Iglesia:

1. Esta doble dimensión de la Iglesia (ser visible e invisible) es una afirmación de la fe. Debemos tener presente que, para quienes la miran desde afuera, la única Iglesia que perciben es la visible,

y con todo derecho la evaluarán por sus conductas visibles. Un error más o menos común es acusar a quienes señalan errores de la Iglesia de que "no la entienden", o que "como no aceptan a la Iglesia —o al evangelio— la evalúan sin tener en cuenta su verdadera dimensión". Es cierto que la correcta comprensión de lo que es la Iglesia en su sentido profundo e invisible se hace desde la fe misma y que prescindiendo de esa fe no se llegará a percibir la dimensión final del proyecto de Dios en ella; pero no es justo reclamar que debe adherirse a nuestra fe a quien observa objetivamente lo que sucede en la Iglesia, para así eludir una crítica que puede ser correcta. No cabe duda que cuando se critica a la Iglesia de buena fe, se la ayuda a mejorar y crecer, y los cristianos debemos recibir esas críticas y analizarlas cuidadosamente. Además, las críticas recibidas desde otros horizontes o con otras intenciones han de ayudarnos a comprender cómo nos ven y cómo lo que nosotros muchas veces creemos que es lo justo y correcto resulta que no lo es.

2. Lo anterior nos lleva a reconocer que Dios no le da a su Iglesia un cheque en blanco para que lo llene a su gusto. La Iglesia invisible de Cristo se manifiesta visiblemente en la Iglesia que conformamos las personas siempre y cuando cumpla con su vocación y sea fiel al evangelio que es su fundamento. Cuando se corre de esa misión podrá tener cartel de Iglesia, pero no será más que la cáscara vacía de un fruto ya seco. La Iglesia siempre estará debajo de Cristo y no arriba de él. Si pretende dominarlo y poner palabras en su boca, no solo estará alejándose de su condición de

Iglesia sino que dejará de ser ese producto genuino y noble que Dios espera que sea.

3. La Iglesia debe ser el vehículo para que se exprese la voz del evangelio. En ese sentido cuando se expresa deberá cuidar sus palabras. Deberá escogerlas con delicadeza porque serán recibidas como la voz que representa a Cristo en la tierra. Por otro lado, deberá hablar con humildad, pero con firmeza, pues lo que está en juego es la credibilidad invisible de Dios expresada a través de su Iglesia visible.

De más está decir que cada vez que en una Iglesia particular hay un acto de corrupción, un delito o un atentado a la dignidad de la persona, se lesiona la totalidad la Iglesia. Esto es porque esa Iglesia visible es percibida como la única Iglesia. Está bien que así sea, a fin de que, recibiendo golpes, la Iglesia se purifique de errores y la verdadera Iglesia pueda, allí donde esté, resplandecer con más brillo. Quizás uno de los actos más vergonzosos es cuando la Iglesia oculta el delito "para no dañar la imagen de la Iglesia". Cabe hacernos la pregunta de que si no se puede ocultar el pecado a los ojos de Dios, que es lo que verdaderamente debe importar a la Iglesia, ¿de quién otro se puede ocultar que tenga algún valor para el creyente?

Ser Iglesia evangélica y católica

Cuando se leen documentos de las distintas Iglesias, se puede percibir que cuando la Iglesia Católica se refiere a sí misma lo hace como "*la* Iglesia", mientras que las Iglesias evangélicas se expresan diciendo que "somos *parte* de la Iglesia". Ambas formas de hablar expresan el modo en que las distintas Iglesias se entienden a sí mismas, pero a la vez cómo esas distintas Iglesias entienden su relación con las demás.

La forma católica —que comparten con las Iglesias Ortodoxas— privilegia el sentido de la catolicidad de la Iglesia, se expresa en los términos en que lo hacen los credos apostólicos y no tiene reparos en decir que ellos *son* la Iglesia de Cristo. Este concepto —que supone un juicio negativo hacia las demás Iglesias cristianas a las que se considera incompletas, separadas, comunidades de fe pero no Iglesia en sentido estricto— con el tiempo se ha ido transformando más en una cuestión conceptual y hoy se puede entender en el sentido de que la Iglesia es siempre Iglesia completa, Iglesia indivisa. De todos modos, en esta tradición hay ciertos resabios de exclusivismo y la idea de que los "otros" cristianos adolecen de un déficit para la salvación. Este concepto es reforzado por la afirmación de la sucesión apostólica como un criterio de validez y continuidad de la fe y por la permanencia de la Iglesia histórica en Roma desde los primeros tiempos de la Iglesia primitiva.

Las Iglesias evangélicas —también llamadas protestantes— se perciben a sí mismas como una *porción* de la Iglesia de Cristo. Ellas reconocen que hay otras Iglesias distintas, con tradiciones y costumbres diversas, con aspectos teológicos que distinguen a unas de otras, pero que no llegan a ser lo suficientemente serios como para considerarlas excluidas de la extensa Iglesia de Cristo. Las Iglesias evangélicas privilegian en su experiencia la continuidad del testimonio de fe de los creyentes y la sucesión *histórica* de la proclamación de la Palabra dada por el Espíritu Santo que levanta testigos donde él lo desea. Aunque se suele hablar de las iglesias evangélicas que "no tienen sucesión apostólica", es preciso revisar esta expresión pues ella reduce tal sucesión a una cadena de personas cuando lo que debe interesar a la Iglesia es que se trate de la sucesión de la *fe* apostólica. En este sentido, la sucesión apostólica tal como la entienden las Iglesias Católica y Ortodoxa no es vista como un criterio válido, pues se considera que permite una manipulación de la acción del Espíritu al vincularlo mecánicamente a decisiones humanas que pueden responder a intereses que son en muchos casos discutibles. En ese modelo, la cadena de la fe se transforma en una cadena física y humana y su misma historia muestra que muchos de sus eslabones no fueron dignos de transmitir ninguna santidad ni de representar a Cristo. De allí que las iglesias evangélicas reconozcan en la proclamación genuina de la Palabra la sucesión histórica del Espíritu y encuentren en la expresión "ser *parte* de la Iglesia" una forma más afín a su experiencia histórica y espiritual y una forma que hace justicia a la inclusividad del Espíritu que supera nuestras concreciones humanas.

En nuestra opinión es preciso detenernos unos momentos en ambos conceptos. Es obvio que las dos formulaciones pueden reclamar fundamentos históricos y teológicos ancestrales, y de hecho lo hacen. Incluso, si uno indaga en los textos del Nuevo Testamento también va a encontrar textos que llevarán agua a uno u otro molino según dónde se busque y cómo se lo interprete. Creemos que hay elementos valiosos en ambas posturas y elementos que deberían mitigarse. Por un lado la afirmación de que "somos la Iglesia" —tal como lo hace la Iglesia Católica— debe dar cuenta de qué significa ser "la" Iglesia de Cristo en relación con todas aquellas otras Iglesias que a lo largo de todo el mundo predican el evangelio, bautizan, comparten la cena del Señor y tienen sus mártires de la fe. ¿Es posible ser verdadera Iglesia Cristiana desconociendo esa otra contundente realidad eclesial que vive y expresa la fe fuera de la comunidad Católica Romana? Al afirmar que las Iglesias no católicas tienen un déficit para la salvación porque están separadas de Roma, en realidad se está poniendo en evidencia un déficit de la Iglesia Católica para discernir la acción del Espíritu Santo más allá de ella misma y en espacios que ella no puede controlar. Así revela que está cerrada a esa parte de la acción de Dios y se pone al margen de buena parte de lo que el Señor está hoy promoviendo en el mundo.

Las Iglesias evangélicas se sienten "una parte" de la Iglesia. Esta fragmentación también tiene sus problemas, porque la voluntad de Jesús —y por la cual oró explícitamente— es que "todos sean uno; como tú, Padre, en mí y yo en ti, que también ellos sean uno en nosotros, para que el mundo crea que tú me enviaste" (Juan 17:21). Las Iglesias evangélicas hemos tomado algo a la ligera esta cuestión sin percibir que lo que está en juego, al considerar la unidad de la Iglesia, es la conversión del mundo. De modo que, en tanto somos "una parte", estamos en infracción al menos frente al deseo explícito del Señor en aquel día en que levantó los ojos al cielo y se expresó de esa manera. El testimonio bíblico es claro respecto de que la unidad de la Iglesia es algo deseable y esperado por Dios mientras que las diferencias son siempre entendidas como producto de la rebeldía humana. En el lenguaje que venimos utilizando, deberíamos decir que la Iglesia invisible es la Iglesia unida mientras que la Iglesia visible es la que está fraccionada y, en cierto sentido, en busca de su identidad plena con Cristo. De modo que lo que las Iglesias evangélicas deben contestar es cómo se expresa en su misión y ministerio esa voluntad de Cristo de que seamos una sola Iglesia. Cómo se expresa la catolicidad ("universalidad") de la Iglesia en su vida y mensaje cuando en ellas el vivir separadas de otras Iglesias parece que se ha constituido en la manera natural de vivir la fe.

A veces no se ha percibido en la perspectiva de la fe evangélica la importancia de este aspecto. Nuestro origen como Iglesias "nacionales" en Europa o como Iglesias "en disidencia" luchando por practicar la fe en medios hostiles nos ha impedido percibir esa carencia de nuestro testimonio. Nacimos como Iglesias que necesitaban "diferenciarse" del resto de la cristiandad y eso ha impreso una característica en nosotros que es preciso autocriticar para que no termine siendo —por exceso— un lastre que nos inmovilice. Esta situación ha sido descripta como si las iglesias evangélicas adolecieran de un cierto "déficit eclesiológico" que les impide valorar ser parte de un todo mayor; pero, a nuestro criterio, ese déficit no es esencial sino práctico y debe superarse no por modificación de la comprensión de la Iglesia sino por la necesidad de aprender a percibir la dimensión universal de nuestra condición de Iglesia. Es preciso que las iglesias evangélicas entiendan que cuando invitamos a la fe cristiana, a la conversión a Cristo, no estamos haciendo esa invitación desde una parte de la Iglesia sino desde la Iglesia indivisa, única, de la cual Cristo es la cabeza. Es a la totalidad y a la plenitud de Cristo que convocamos al mundo —y no a un fragmento de él— porque Cristo no se divide. En ese sentido, cada Iglesia —cada denominación— es "la" verdadera Iglesia de Cristo sin que eso signifique que las demás no lo sean.

En esta perspectiva es preciso reflexionar sobre el hecho de que las Iglesias evangélicas son también católicas desde el momento en que participan de la realidad de ser la Una, Santa, Católica y Apostólica Iglesia de Jesucristo en el mundo, tal como lo afirmamos cada vez que recordamos el credo de Nicea y encontramos en él una formulación ancestral y genuina de la fe en el Señor.

La unidad de la Iglesia de Cristo

Lo dicho en el párrafo anterior no significa que tengamos que abandonar nuestras perspectivas e identidades denominacionales y unirnos a la brevedad con quien quiera hacerlo. Eso sería no considerar con seriedad la fe que sostenemos y que da sentido a nuestro testimonio y al de quienes nos precedieron. Mientras el Espíritu no decida fundir las Iglesias en una, seguirá utilizando los envases denominacionales para su propósito y nuestra tarea no es oponernos a eso sino estar abiertos a lo que pueda ponernos delante. En última instancia, el camino de unidad es un proyecto del Espíritu Santo y es él el que pone los tiempos y las palabras.

También debemos considerar que tampoco es cierto que toda división en la Iglesia haya sido producto del pecado humano. Lo que debe primar en el testimonio de la Iglesia es la fidelidad a la Palabra y, si bien esto incluye la vocación por la unidad de la Iglesia, no es correcto considerar la unidad como criterio final al que todo debe rendirse. La realidad muestra que en ocasiones lo que ha estado en juego ha sido la fidelidad al proyecto de Dios y que ser consecuente con ese llamado condujo a una división de la Iglesia visible que permitió que la Palabra continuara siendo anunciada a través de un camino alternativo. No se puede afirmar tajantemente que toda división en el pasado de la Iglesia haya sido el producto del pecado y no ver que, en determinadas circunstancias, fue un acto de Dios. La experiencia muestra que cuando la Iglesia visible deja de reflejar a la invisible, el Espíritu busca otros medios para expresarse.

Por otra parte, el movimiento hacia la unidad es más amplio que la unidad de las Iglesias pues tiene como fin el encuentro de todo el género humano —deberíamos decir de toda la creación— con Dios mismo. En ese plan de Dios, la Iglesia es una entidad provisional e instrumental a su proyecto mayor, y en la plenitud de los tiempos dejará de ser para dar lugar a una realidad que la supera ampliamente. Será como el grano en la tierra húmeda, que se pierde para revelar una realidad infinitamente más rica. La Iglesia está a las puertas de un gran acto de Dios y vive su fe en la expectativa de que esa realidad se hará efectiva en la plenitud de los tiempos. A la espera de una renovación mayor, no debe dejar nunca de remitir a Cristo como aquel que garantiza que todo el proceso ha de conducir a la integración de la humanidad en una unidad permanente y definitiva.

Esta provisionalidad de la Iglesia no debe confundirse con lo que se ha llamado "déficit eclesiológico" de las Iglesias evangélicas, es decir, lo que ya mencionamos como limitaciones de las Iglesias para percibir su falta de pertenencia a la comunidad universal. Por el contrario, asumir el carácter instrumental de la Iglesia al proyecto de Dios fortalece su eclesiología ya que evita que se sienta un fin en sí misma y le otorga una base para consolidar su identidad como Iglesia en proceso, como comunidad que aún siendo un anticipo de la nueva creación se reconoce incompleta y espera ser transformada una vez más. La Iglesia siempre debe mirar hacia afuera de ella porque su sentido reside en ser espacio para la salvación del mundo. Si se mira para adentro, no va a encontrar nada provechoso ni significativo con respecto a su misión en el mundo. Tanto la Palabra de Dios como la realidad donde esa Palabra debe aplicarse son entidades externas a ella y por lo tanto dimensiones a las que tiene que hacer el esfuerzo de dirigirse. Cada persona que se acerca a la Iglesia en busca de respuestas a sus preguntas es una entidad "externa" que, justamente por eso, ha de cuestionar la realidad de la Iglesia a la que se acerca. Y, al hacerlo, la hará crecer.

3. ¿Es la Iglesia una institución perfecta? (¿Soy yo perfecto?)

En el capítulo anterior distinguimos entre la Iglesia visible y la invisible. Allí señalamos que la Iglesia invisible es aquella que se identifica con la acción y presencia del Espíritu Santo y que puede o no estar presente en la Iglesia visible. En este capítulo buscaremos reflexionar sobre la Iglesia visible, la que conformamos cada vez que nos reunimos en su nombre y que se organiza de modo de llevar a cabo la misión que el Señor le ha encomendado.

Un error bastante común: la Iglesia no peca

Un error bastante común de los cristianos es decir que la Iglesia no se equivoca ni peca; que la Iglesia es incorruptible y que quienes cometen errores y delitos son "los hijos de la Iglesia" y no ella misma. De modo que la Iglesia siempre permanece limpia de toda falta ante Dios. En general, este tipo de defensa de la Iglesia se construye sobre el argumento de que la Iglesia es el cuerpo de Cristo y, por lo tanto, Cristo no puede pecar ni ser responsable por nuestros errores. El razonamiento parece preciso y lógico, pero se puede decir de él lo que se ha señalado de este tipo de lógica: que no admite la menor réplica ni produce la menor convicción. Cada vez que

37

escuchamos este tipo de defensa de la Iglesia sentimos que hay algo de artificial en su racionalidad que no nos deja conformes o que, por el contrario, nos deja muy disconformes. El argumento no convence. ¿Qué es lo que no nos gusta de este tipo de argumento?

Para responder a esta pregunta debemos volver a visitar la imagen bíblica de que la Iglesia es el cuerpo de Cristo. Es interesante descubrir en la Primera Carta a los Corintios, donde con más nitidez se expresa esta idea (véase también Romanos 12:4-8; 1 Corintios 6:15; especialmente 12:12-27), que en todos los casos ser el cuerpo de Cristo no es una manera de hablar de Jesús sino de calificar la actividad y el testimonio de los creyentes. Es decir que no se utiliza la imagen de "ser el cuerpo de Cristo" para revestir a los cristianos de las virtudes del Señor —y así quedar casi fuera de todo pecado— sino para llamarlos a la responsabilidad de anunciar el evangelio de manera que, si no lo hacen, la misión de Cristo se resiente. Ellos son el cuerpo de Cristo en el sentido de que son la comunidad a través de la cual el Señor espera que su mensaje se difunda y la salvación abunde. Nótese que en los textos aludidos de 1 Corintios 6 se trata de hacer un uso responsable del cuerpo de cada uno, advertencia dicha en el contexto de una sociedad con un alto nivel de promiscuidad sexual y todo tipo de excesos. La frase "¿no sabéis que vuestros cuerpos son miembros de Cristo?" (6:15) es dicha en el marco del rechazo de la prostitución sexual (v. 16) y debe entenderse de modo que cada creyente considere que lo que haga con su cuerpo está afectando directamente su relación con Cristo. El mensaje es que estar unido a Cristo conduce a revisar nuestra ética y nos inhibe de deteriorar el cuerpo porque lo que se deteriora es la relación con aquel que es el Señor de la vida y ésta incluye el cuerpo. Esto se confirma en el v. 19 cuando se señala que "el cuerpo es el templo del Espíritu" lo que en este contexto significa que ya no nos pertenece en exclusividad porque ha sido adquirido por Dios. De modo que aquello que hagamos con el cuerpo afectará el vínculo con Dios.

En 1 Corintios 12:27 "ser el cuerpo de Cristo" es una imagen para explicar la dinámica de la Iglesia y su relación con Dios. Cada creyente es un miembro y tiene una función particular que ejercer en el plan de Dios. En este caso ser "el cuerpo de Cristo" significa ser una parte de ese cuerpo y como un elemento esencial sin el cual la totalidad de la estructura se debilita y deja de funcionar. De allí que la imagen busca hacer consciente al creyente de la delicada responsabilidad que tiene desde el momento que acepta la fe y deviene en un miembro de un cuerpo mayor que él, que a la vez que lo integra —y lo beneficia con esa integración—, lo supera y, por lo tanto, lo llama a definirse teniendo en cuenta al resto del cuerpo. Ser miembro de la Iglesia lo vincula con hermanos y hermanas que no conoce y que asumen la misma fe en contextos y situaciones diferentes a la de él. A la vez, ser miembro de la Iglesia supone responsabilidades que provienen de la misma relación con Cristo, de su testimonio y de su prédica, la que ha sido fértil en el creyente. Olvidarlas deja nuestra fe sin respaldo y pone en crisis terminal la condición de ser cuerpo de Cristo. Lisa y llanamente se deja de serlo.

Volviendo al punto inicial, lo que no convence del argumento de que la "Iglesia no se equivoca, se equivocan sus hijos" es que se confunde el cuerpo de Cristo con Cristo mismo, y esta confusión produce en dos niveles. El *primero* es que, de acuerdo con el uso de la expresión en la carta del apóstol Pablo, "ser cuerpo de Cristo" es una imagen y no una afirmación doctrinal. No se dice que la reunión de creyentes sea un sacramento del Cristo resucitado —es decir una presencia real aunque espiritual— más bien se utiliza esa imagen literaria para ejemplificar de manera sublime las relaciones entre los creyentes en el seno de la Iglesia y la relación de todos y cada uno con el Cristo que habita en ellos.

El *segundo* nivel de confusión se refiere a no distinguir a Cristo de la Iglesia que lo proclama. Y es interesante notar que la imagen del cuerpo humano como modelo de la relación entre creyentes y con Cristo en la Iglesia puede también ayudarnos a entender este problema. El vínculo entre el cuerpo que poseemos y lo que somos es muy estrecho y por momento su diferenciación es casi imperceptible, pero no hay una asimilación total. La zanahoria que acabamos de comer ha ingresado en nosotros y ahora es parte nuestra, pero no sentimos que somos la hortaliza recién digerida. Si perdemos una mano o la capacidad auditiva, todo nuestro ser se sentirá afectado y no sólo nuestro cuerpo; pero no "dejamos de ser" por esa situación ni somos "menos" porque llevemos una discapacidad en nosotros. Somos nuestro cuerpo, pero a la vez somos más que él. De modo que ser la Iglesia "el cuerpo de Cristo" expresa una relación íntima y cercana con él, pero de ninguna manera puede entenderse como una asimilación a Cristo mismo ni a sus cualidades. La sabiduría de los evangelios otra vez viene en nuestra ayuda al leer en Mateo 18:20 que "donde dos o tres estén reunidos en mi nombre, allí *yo estaré*", y es claro que el texto no implica de ninguna manera que Cristo *es* las personas congregadas (la Iglesia) sino que se anuncia como una presencia distinta de ellos que se suma a la de los congregados bajo su nombre.

Que la Iglesia sea el cuerpo de Cristo puede invocarse a fin de llamar a la responsabilidad ante el dueño de ese cuerpo pero no para fundar alguna forma de privilegio que la libre de las pasiones de aquellos que la conforman.

La Iglesia de cada día

Otro aspecto que se debe tener en cuenta en esta breve exploración de la Iglesia como cuerpo de Cristo es que el cuerpo es siempre algo visible. No es sólo una frase ingeniosa decir que las cosas y las personas "entran por los ojos" ya que en realidad expresa una profunda verdad de la existencia humana como es que en buena medida nos vinculamos a través del cuerpo que somos. Así, la Iglesia será considerada por aquello que ella muestra y no por lo que oculta; será bien o mal vista por aquello que ofrece como Iglesia visible y concreta y no por ninguna otra realidad por teológica y espiritual que nos parezca. Lo curioso es que esta condición de ser evaluada por lo visible —que puede parecer limitada y hasta injusta para algunos— es una situación no sólo deseada por Dios sino establecida por él mismo.

Una de las características centrales para la Iglesia es que su razón de ser son aquellos que están al margen de ella. Si el Señor no hubiera establecido una misión hacia el mundo —es decir hacia "afuera" de la Iglesia—, no hubiera sido necesaria la Iglesia, al menos no la Iglesia como la conocemos en los relatos evangélicos del libro de los Hechos. Es probable que hubiera sido una comunidad de iniciados que se alegraban unos con otros de la fe revelada a ellos y de su vocación de compartir lo que experimentaron caminando con Jesús, y que se reunirían para celebrar esa memoria sin mayor referencia a lo que podría estar sucediendo más allá de su círculo; pero no fue así y hubo no sólo una convocatoria sino una misión para llevar adelante.

En ese contexto el sentido de toda congregación en un barrio particular es la de convocar a todos a la fe y anunciar el evangelio de salvación, pero aquellos que son invitados a sumarse a esta comunidad que llamamos

Iglesia la ven "desde afuera", reciben la Palabra de parte de ese grupo de creyentes que pueden visualizar y considerar objetivamente, que están allí en ese templo y que anuncian con sus palabras y sus vidas un mensaje particular. Ese ver la Iglesia desde afuera de ella no es una situación anómala ni limitativa de la misión sino, por el contrario, el contexto misionero natural en el cual la Iglesia ha sido puesta. Dios sabe que ésa es la situación en que se juega el testimonio de su Palabra y sin embargo así lo ha dispuesto. No es nuestra intención limitar al Espíritu —que actúa como quiere y generalmente nos sorprende gratamente o no—, pero la experiencia muestra que se llega a la fe y a la Iglesia a través de la acción de la Iglesia visible aunque ése no sea el único camino posible. ¿Qué sugiere esto sobre la naturaleza de la Iglesia visible? Señalamos tres consecuencias principales:

En primer lugar debemos decir que le otorga una dimensión particular en el plan de salvación. La Iglesia visible de todos los días tiene la responsabilidad de ser signo e instrumento de la salvación de Dios. Debemos ser claros en este punto. La Iglesia no salva ni tiene el monopolio de la salvación, como no salva el excelente sermón ni la lectura de la Palabra justamente elegida. Quien salva es Cristo y esa facultad es indelegable. En tanto que la Iglesia tiene la delicada tarea de dar testimonio de la acción de Dios en la historia y ser testigo ante el pueblo de la gracia derramada a través de los sacramentos —medios de salvación— que le han sido dados y por los cuales debe velar.

En ocasiones, la Iglesia se ha creído propietaria de esos medios y, por lo tanto, depositaria de la salvación que a través de ellos se adquiere; pero esto ocurre cuando se confunde el medio con el fin, que es la salvación. A la Iglesia se le ha dado la facultad de señalar el *medio* de salvación y poner en evidencia la gracia abundante que

Dios ofrece a los seres humanos, pero no la salvación misma que corresponde a Dios y supera toda posibilidad de manipulación humana.

En segundo lugar, esta condición de la Iglesia visible de ser signo e instrumento de salvación le otorga un valor superior a su tarea y existencia. No es correcto decir que la verdadera Iglesia es la invisible y que la Iglesia visible es sólo una sombra de ella. Lo que se juega cada día en la vida de la Iglesia tiene valor en la esfera de Dios y no es un mero ejercicio humano desprolijo que luego será escrito por el Señor mismo con letras de molde perfectas si es que él lo aprueba.

De allí que lo que el creyente haga o deje de hacer es fundamental al plan de salvación y debe tomarlo con la máxima seriedad. Sin duda que Dios descartará todo aquello que, aunque lo hagamos en su nombre e invocando su presencia, no se corresponda con su voluntad ni con su Palabra; sin embargo, para aquellos que están fuera de la Iglesia —y para quienes la Iglesia ha sido constituida— esa palabra vulgar y venial es la única que la Iglesia les ha ofrecido como testimonio del Evangelio.

Por último, coloca en el terreno de la Iglesia visible una función que, al menos para ella misma, es indelegable: la de ser Iglesia. El Señor puede hacer hablar a las piedras si eso conviene a su mensaje y voluntad, pero por lo que nos toca a nosotros ha colocado la responsabilidad de ser la comunidad portadora de su Palabra a aquellos que no la conocen. También puede utilizar otros caminos —y de hecho lo hace cada día— cuando el nuestro está atascado por nuestras propias carencias y debilidades o, simplemente, porque es una forma de recordarnos que no somos los únicos ni tenemos la exclusividad de su representación; pero lejos de que esos otros caminos sirvan de excusa a nuestra debilidad, la misión que ha sido dada a la Iglesia es una tarea que ninguna otra comunidad hará en su lugar.

Nosotros y la Iglesia

No es extraño oír que hay quienes abandonan la Iglesia porque no la encuentran suficientemente comprometida en la solución de los conflictos de la sociedad o las causas en pos de un mundo más humano. Otros —con un signo contrario— porque no la encuentran suficientemente espiritual. En ocasiones, unos encuentran a la Iglesia complaciente con las injusticias y otros demasiado comprometida con lo social; y en otros casos, observan los errores —cuando no los delitos— que en su seno se cometen. Cuando uno mira con objetividad la historia de la Iglesia medieval cargada de corrupción y poder mundano —de la que nos tenemos que hacer cargo tanto católicos como evangélicos—, la cruz y la espada en la conquista y el sometimiento de los pueblos americanos, o el muy triste papel jugado por la mayoría de los cristianos alemanes durante la época del nazismo, no puede dejar de dar vuelta la clásica pregunta de "si hay salvación fuera de la Iglesia" para preguntarse con total derecho si hay salvación *dentro* de ella. La Iglesia debe escuchar con respeto estos cuestionamientos y reconocer que en muchos casos responden a críticas sinceras de hechos reales aunque lastimosos en su vida y en su desarrollo histórico. Negar la historia o buscar justificar hechos aberrantes ocurridos en la Iglesia no hace más que deteriorar su testimonio y la aleja de aquellos para los cuales ha sido constituida. Cuando es así, la Iglesia deviene en un estorbo para que el Evangelio sea anunciado y pasa a separar a la gente de Cristo en vez de ser un espacio donde la Palabra se ofrezca a todos. No son pocos los que se sienten alienados en la Iglesia y se ven empujados a buscar en otros ámbitos lo que deberían encontrar en ella.

Constatar esto no nos exime de reconocer que, si la Iglesia somos nosotros y si, en perspectiva evangélica, no hay otra Iglesia visible que la que conformamos y de la cual somos responsables, no podemos exigir de la Iglesia más santidad de la que estamos dispuestos a aportarle con nuestro propio testimonio. Abandonar la Iglesia porque no coincidimos con sus decisiones no es la mejor forma de cambiarla y hacerla crecer, especialmente si tenemos en cuenta que cuando actuamos así estamos restándole a la comunidad aquellos miembros que a nuestro criterio podrían conducirla hacia formas más maduras de ejercer su ministerio. Ir detrás de proyectos sociales de transformación de la sociedad no debería hacerse a costas del reconocimiento del carácter trascendente de la misión de la Iglesia.

Por el contrario, la fuerza del evangelio expresada en ella debe potenciar la opción social y el compromiso con una sociedad más justa. Si amamos la Iglesia, debemos buscar beneficiarla con esa experiencia y procurar que los ecos de ese compromiso permeen en ella. La Iglesia necesita de hermanos y hermanas que, viendo más allá de sus propias fronteras, contribuyan a que la Iglesia visible, la de todos los días, esté más cerca de aquellos para los cuales fue creada.

4. La Biblia
¿es la Palabra de Dios?

Las Iglesias evangélicas fundan su fe y su doctrina en la Biblia. Decimos sin dudar que nuestra fe es bíblica y, normalmente, cuando queremos confirmar algo decimos que tal o cual afirmación "es bíblica", al mismo tiempo que con sólo decir que tal otra opinión "no es bíblica" basta para echar un manto de sombra sobre su credibilidad. La cuestión es crucial para la Iglesia porque ésta se constituye *bajo* la autoridad de la Escritura y no por encima de ella. Si bien es cierto que es la Iglesia la que determina qué texto es parte de la Escritura y cuál no lo es —tarea llevada a cabo no sin problemas a lo largo de la historia del cristianismo—, eso no significa que la Iglesia se pueda conducir como si fuera la propietaria de la Biblia y, por lo tanto, utilizarla a su criterio. Hay un dejo de omnipotencia en decir que la Biblia "le fue dada a la Iglesia para que la custodie" y por eso ésta actúa como una autoridad sobre ella. En realidad, la Iglesia debe colocarse al servicio de la Palabra y aceptar que ésta es utilizada por el Espíritu más allá de sus límites e imaginación. De ese modo, la Iglesia es juzgada por la Escritura y a través de ella es llamada a renovarse permanentemente y a buscar la dirección de Dios para su misión.

Esta confianza en la Biblia como fuente privilegiada de doctrina y dirección es un valor teológico evangélico que debemos preservar y considerar como uno de los puntos más valiosos de nuestra tradición eclesial. Sin embargo, es preciso ajustar algunos de sus postulados para poder continuar sosteniéndola como principio para la Iglesia.

En tiempos de la Reforma del siglo XVI que dio origen a lo que luego sería el movimiento protestante y evangélico, este principio se llamó "de la sola Escritura". El cristiano podía buscar orientación e inspiración en muchos lugares y sistemas, pero el criterio final que definiría la veracidad de tal o cual afirmación sería su coherencia con la Escritura; pero, aunque en un comienzo puede parecer un principio sencillo de aplicar, a poco de comenzar a recorrer sus páginas nos damos cuenta que su aplicación no puede hacerse en forma directa y literal. Hay en la Biblia muchas páginas oscuras y complejas. En el Antiguo Testamento hay muchas afirmaciones difíciles de compatibilizar con el amor de Dios, por no decir con el testimonio de Jesús. Qué hacer con aquellos pasajes que llaman a la guerra y la violencia. Qué hacer con los salmos que celebran la desgracia de los enemigos. Cómo entender los textos en los cuales inocentes son asesinados por la misma acción de Dios o con la conquista de Canaán, donde los pueblos que habitaban la tierra antes de que llegaran los israelitas son literalmente expulsados y privados de su legítimo lugar. En el Nuevo Testamento no será más fácil la tarea cuando constatemos que no hay en él una explícita condena de la esclavitud ni de la poligamia, o tengamos que aceptar que las mujeres deben callarse en la Iglesia y someterse a sus maridos. Estos textos y tantos otros son también "Palabra de Dios" y una Iglesia que dice privilegiar esa Palabra debe saber cómo leerlos e interpretarlos.

¿La Biblia es o contiene la Palabra de Dios?

Una distinción que ayuda a entrar en este problema es considerar la diferencia entre que la Biblia *sea* la Palabra de Dios y que la Biblia *contenga* esa Palabra. Decir que la Biblia es la Palabra supone una relación directa y mecánica entre lo que dice y el mensaje que busca transmitir. Cabe la pregunta debido a cómo se entiende en relación con el contexto social y cultural en que fue escrita, al lugar del autor humano que escribió esas historias y poemas, a la concepción religiosa del mundo en que se redactaron sus páginas. Si cada palabra y texto son directamente la Palabra de Dios, ¿cómo se entienden las relaciones entre las distintas partes de la misma Escritura? ¿Cómo explicar que los cristianos no observan el sábado aunque la Biblia lo reclama decenas de veces y el mismo Jesús lo hacía? ¿Cómo compatibilizar la narración del origen de la tierra y del ser humano con las evidencias científicas que muestran una historia diferente? Así se podrían multiplicar las preguntas y las incertidumbres.

Una alternativa es considerar que la Biblia *contiene* la Palabra de Dios. En este sentido no es necesario leer cada línea como si ella fuera toda palabra divina sino asumir que en estas historias, oráculos, cartas y oraciones está contenida la Palabra de Dios, pero que viene junto a muchas otras cosas que técnicamente no son su Palabra. Así reconocemos que la Biblia es una obra inspirada por Dios, pero no se identifica palmo a palmo con su Palabra. Se entiende que el autor bíblico también imprime su carácter humano al texto y la Palabra de Dios viene en un envase que no le pertenece y debemos aprender a distinguir. Por ejemplo: el salmista finaliza el bellísimo Salmo 137 de esta manera:

> *Hija de Babilonia, la desolada,*
> *Bienaventurado el que te dé el pago*
> *de lo que tú nos hiciste.*
> *Dichoso el que tome tus niños*
> *Y los estrelle contra la roca.*

En ellas se percibe el odio y la sed de venganza de un pueblo al cual le asesinaron a sus niños y violaron sus derechos. El salmista da vuelo a sus sentimientos de revancha y a sus deseos de que a los babilonios les pase lo mismo o peor de lo que les infringieron a ellos. Reconocemos este texto como parte de la Biblia, pero no podemos asumirlo como la voluntad de Dios para ese pueblo y esos niños. Otro ejemplo, esta vez del Nuevo Testamento en 1 Pedro 3:13:

> *Por causa del Señor someteos a toda institución*
> *humana, ya sea el rey, como a superior,*
> *ya a los gobernadores...*

Este texto tiene sentido en la concreta situación a la que se dirigía la primera carta de Pedro, un momento en el cual el cristianismo estaba expandiéndose y debía evitar todo conflicto con las autoridades políticas romanas. Entendido de esa manera es la Palabra de Dios, pero no puede tomarse como si fuera la voluntad de Dios para todas las épocas y todos los contextos. ¿Qué decir de las autoridades de regímenes opresivos, dictaduras, sistemas que violan sistemáticamente los derechos humanos o desconocen el valor de la vida? ¿Qué decir de autoridades ilegales, que se constituyen a sí mismas por la fuerza en contra de la voluntad de los pueblos? ¿Qué hacer cuando las autoridades le prohíben a la Iglesia reunirse o predicar su mensaje? Sin lugar a dudas podemos afirmar que Dios no espera del creyente que se someta a autoridades ilegítimas u opresivas, *pero eso es lo que dice el texto bíblico literalmente.*

Decir que la Biblia contiene la Palabra de Dios permite entender todos aquellos textos que necesitan ser puestos en una perspectiva particular para evitar que terminemos por hacerle decir a Dios lo que en realidad no quiso decir, tan solo porque leemos literalmente la Escritura y la aplicamos mecánicamente. Aún es necesario que profundicemos un poco más en el sentido de la Escritura, porque si la Escritura contiene la Palabra, pero no se identifica totalmente con ella, cabe formular la pregunta: ¿en qué medida es Palabra de Dios y cuándo es mera palabra humana?

Y el verbo se hizo literatura

Es interesante observar que estamos acostumbrados a hablar de que "el verbo se hizo carne" —utilizando la figura del Evangelio de Juan 1:14— y normalmente en el pensamiento teológico no tenemos problemas con aceptar esta relación entre Dios y su expresión humana en Cristo. Podemos no llegar a entender en su totalidad el sentido de tal afirmación e incluso cuestionarnos por la forma correcta de entender su significado, pero sabemos que es parte de la fe cristiana desde el origen y la asumimos como una expresión que ya es parte de la formulación de la fe. La consecuencia inmediata de la encarnación de Dios en Cristo es que, en ese acto, Dios asume las limitaciones humanas. En Jesús de Nazaret, Dios asume una geografía (Palestina), un tiempo (el siglo I), un pueblo (Israel), un sexo (masculino), un idioma (arameo)... Ninguna de estas características —y muchas más que no alcanzaríamos a enumerar— supone una jerarquía superior sobre otros representantes del mismo tenor. Es decir, nada hubiese hecho suponer que Palestina sería un lugar más apto para la presencia de Dios que cualquier otra región de la Tierra, ni que el siglo I fuera más apropiado para entregar el mensaje a la humanidad que otras épocas. Tampoco que Israel sea un mejor pueblo ni que el sexo masculino deba prevalecer sobre el femenino. La lengua aramea que hablaba Jesús no es mejor que otras, a tal punto que se extinguió por desuso. Sin embargo, esas características propias de la cultura humana fueron constitutivas de la encarnación de Dios en Cristo y no meros accidentes. Queremos decir que sin ellos Jesús no hubiera sido Jesús ni el Hijo de Dios. Esto lo dice con alta calidad la Carta a los Filipenses (2:6-7):

> *Él, siendo en forma de Dios, no estimó el ser igual a Dios como cosa a que aferrarse, sino que se despojó a sí mismo, tomó la forma de siervo y se hizo semejante a los hombres.*

En Cristo, Dios abandona "la forma" de Dios (quien no está sometido a tiempo y espacio, a expresiones sociales y culturales, a las necesidades de un cuerpo físico, etc.) y, despojándose de esos privilegios, se hizo ser humano (es decir, asumió las limitaciones humanas, culturales, políticas, personales). ¿Será posible entender la relación entre Dios y su Palabra de una manera análoga?

La analogía entre la encarnación en Jesús de Nazaret y la encarnación en la Escritura puede ayudar a entender mejor nuestra relación con el texto bíblico. Lo que encontramos en la Escritura es el mensaje de Dios que, a fin de hacerse comprensible a los seres humanos, asumió las limitaciones de nuestro lenguaje literario. Así como Dios se mostró en Jesús, así se muestra en su Palabra escrita. En consecuencia, los aspectos "humanos" de esa literatura (el contexto, el género literario, el estilo propio de cada autor, las influencias sociales y culturales, etc.) no son "meros" aspectos humanos impresos en el texto sino elementos constitutivos imprescindibles del lenguaje humano que Dios asumió para comunicarse de un modo que lo pudiéramos entender.

No hemos de pensar que Dios buscaría utilizar un lenguaje "celestial" (porque nadie lo entendería) o un texto "esterilizado" de toda contaminación humana (porque lo humano no es rechazado por Dios sino que lo utiliza en profundidad), o una palabra "purificada" de ideologías y pasiones humanas (porque sería críptica o tediosa). Por el contrario, Dios decidió que la dimensión humana de su Palabra debía permanecer en ella como permaneció en Jesús un particular color de ojos, una contextura física o la lengua que hablaba, sin que esos rasgos devengan en normativos ni "santos". De este modo podemos entender que aquello que no nos parece que expresa la voluntad de Dios en las Escrituras (asesinatos, violencia, injusticias, ciertas relaciones sociales desiguales, etc.) son parte de su Palabra no como un defecto sino como testimonio de la humanidad aceptada por Dios para comunicarse mejor con nosotros. Lo humano en la Escritura —y en eso incluimos las ideologías impresas en el texto, las bajezas de más de un personaje, la oscuridad de ciertos pasajes, etc.— es parte de "tomar la forma de siervo" que expresa el compromiso de Dios con lo humano hasta lo profundo. Hacerse ser humano lo condujo a la cruz; hacerse palabra humana escrita —esto es, literatura— lo condujo al riesgo de ser mal interpretado; pero, en todo caso, lo que está en el fondo es la afirmación de la voluntad de Dios de comprometerse con lo humano, incluso poniendo en riesgo su propia credibilidad. Hubiera sido más fácil para él asumir un discurso divino (es decir, *inhumano*), pero de ser así no lo reconoceríamos como el Dios de la Biblia. Estaría solo en su cielo, al igual que solos estaríamos nosotros aquí en la tierra.

Es preciso hacer dos observaciones finales. Se ha observado que la divinidad de Jesús no era algo evidente. Es decir que no bastaba con verlo para darse cuenta de que era el mesías, el Hijo de Dios. Si así hubiera sido, los soldados romanos no se hubieran animado a maltratarlo y clavarlo en la cruz; si hubiera sido evidente su divinidad, ¿quién habría rechazado su presencia? O ¿cómo entenderíamos las dudas de sus discípulos si Jesús hubiera emanado un halo indiscutible que lo señalara como el verdadero hijo de Dios? Sin embargo, eran necesarios los ojos de la fe para que se pudiera descubrir en ese cuerpo su dimensión divina y trascendente. Del mismo modo, tampoco es evidente el carácter de Palabra de Dios de los textos bíblicos pues estos exigen los ojos de la fe para descubrir su mensaje divino. Sin esa perspectiva, se percibe su valor literario, su belleza y su información histórica, pero no su mensaje. La Biblia es también un registro histórico de hechos pasados de incalculable valor para el historiador y el sociólogo de la antigüedad, aunque su condición de Palabra de Dios se percibe cuando la leemos con los ojos de la fe.

Lo segundo es que la analogía que expusimos tiene sus límites. Dios estaba en Cristo de una manera indivisible y sin que pudiera percibirse una distancia. Jesús era "verdaderamente Dios y verdaderamente hombre" de acuerdo con la fórmula del Concilio de Calcedonia que la cristiandad acepta como fiel expresión de su fe. De modo que la encarnación en Cristo es un acto único y sin distancia entre las dos naturalezas. Así, la presencia de

Dios entre los seres humanos se expresa en nuestro tiempo en plenitud en la presencia de Cristo allí donde "dos o tres se reúnan en su nombre", pero la Biblia no es una segunda encarnación sino un testimonio privilegiado sin ser Dios mismo. Es cierto que es un instrumento elegido y dado por Dios, él lo ha dado en esa calidad como *medio* para conocerlo a Él y no como un fin en sí mismo. Toda aproximación a la Palabra de Dios debe considerarse un medio que nos conduce al conocimiento de Cristo, debe ser una experiencia de exploración de quién es el Dios en que creemos, qué lugar nos otorga a nosotros en su plan de salvación y cómo nos relacionamos con él y el prójimo.

La Iglesia y la Palabra

Ya señalamos que la Iglesia se constituye bajo la autoridad de la Escritura. Cabe preguntarnos cómo esa autoridad se hace efectiva en la vida de la Iglesia. Hay un riesgo en creer que todo depende de la manera en que la Iglesia interprete las Escrituras, como si ella pudiera modelar el mensaje a su gusto y necesidad. Es claro que han de ser interpretadas por la Iglesia, pero aun así el problema perdura porque ¿quién puede asegurar una interpretación correcta? Y la experiencia muestra que cada vez que se ha querido establecer una interpretación normativa para la Iglesia se ha caído en pensamientos rígidos y excluyentes que ahogan el sentido de la Escritura en lugar de dejarla hablar por sí misma.

Nuestra opinión es que debemos comprender el valor de la Escritura por la función que cumple en la vida de la Iglesia y no porque ella misma posea algún poder particular. La Biblia no es un talismán ni una historia mágica.

Leída sin fe no es más que un bello libro antiguo con virtudes literarias que podemos apreciar, pero, en la medida en que Dios la utiliza como su instrumento particular para comunicar el mensaje se transforma en Palabra de Dios. Es el uso que Dios mismo hace de ella el que le da valor y sentido más allá de sus palabras. Cuando Dios la utiliza como medio para provocar la fe y para darle contenido —o para corregir a la Iglesia de sus errores y desvíos— ese libro antiguo deviene en Palabra viva de Dios. De modo que es por la acción del Espíritu que esa colección de historias, poemas y oraciones se transforman en la palabra que Dios destina a cada creyente y al mundo, trascendiendo sus limitaciones naturales propias de la dimensión humana que la conforma para constituirse en el mensaje privilegiado destinado a todos. Es el milagro de la fe personal o de la Iglesia renovada que al surgir de su lectura la revela como *Sagradas* Escrituras, como Palabra de Dios a nosotros.

5. ¿Una Iglesia sin espiritualidad?

La Iglesia se funda en Cristo y es conducida por su Espíritu. Él es el centro de la vida de la Iglesia y quien le da sentido. A él elevamos nuestras oraciones y plegarias y estamos siempre a la espera de su orientación, de que nos ilumine en los intrincados caminos de la vida y la misión. Ésa es la fe que profesamos y en la que fundamos nuestra vida como creyentes y nuestra participación en la congregación. Estas afirmaciones que expresan la "base espiritual" de la vida de la Iglesia serán seguramente compartidas por la mayoría de los creyentes, más allá de las sutiles diferencias que cada Iglesia destacará de su doctrina. Ahora lo que deseamos indagar en estas páginas es cómo esa convicción se traduce en *nuestra* espiritualidad. Lo hacemos porque entendemos que es crucial para la misión de la Iglesia y porque es uno de esos aspectos de la vida de fe que, si no se resuelven, impiden el testimonio claro ante una sociedad que necesita rehacer sus metas y que reclama nitidez en los mensajes. De todos modos queremos adelantar la respuesta: no es posible una Iglesia cristiana sin espiritualidad. Pero, ¿de qué estamos hablando?

Es difícil intentar describir la espiritualidad. Cada vez que se lo hace se choca con la dificultad propia del lenguaje racional que busca objetivar elementos de compleja aprehensión. A la vez, también es difícil ubicar la espiritualidad en su justo lugar en la vida del creyente. Por ejemplo, podemos tener diversas comprensiones sobre la doctrina de la trinidad o sobre la dimensión mayor o menor de la acción de Dios en la historia. Esto no necesariamente se reflejará en los aspectos externos de nuestra vida cristiana; es más, es muy probable que, si nadie nos pregunta acerca de ello, jamás se note la diferencia con aquel otro hermano que piensa distinto sobre cualquiera de esos puntos. Algo similar sucedería si pusiéramos en la balanza nuestra comprensión de la vida y la muerte, la vida eterna o el modo en que Dios ejerce su soberanía sobre nuestras vidas, y la cotejáramos con la de otros creyentes cercanos, en nuestra propia congregación. Estamos seguros de que nos llevaríamos sorpresas al descubrir cuán diversas pueden ser las formas de entender la fe que habitan una misma comunidad de testimonio. Pero lo paradójico es que, cuando hablamos de espiritualidad, aquellas cosas "que no se ven" resultan las más visibles y evidentes en la vida de las personas. Las distintas actitudes ante lo que consideramos "espiritual" modifican nuestro modo concreto de vivir la fe en nuestro interior pero notablemente lo hacen también en sus aspectos externos. Evaluemos, por ejemplo, estas posibilidades:

a) Cuando oramos lo hacemos como una actividad comunitaria que cobra sentido en tanto exprese el valor de compartir nuestros sentimientos, pedidos y anhelos en el seno de la Iglesia, o entendemos la oración como una actividad que expresa principalmente una relación personal con Dios. ¿Asumimos una de ellas excluyendo la otra o asumimos que ambas actitudes deben complementarse?

b) Ante una persona económicamente pobre pensamos que es un marginado del sistema económico y social y, por lo tanto, merecedor de nuestra ayuda por razones de elemental ética y solidaridad humana o, más allá de esto, vemos en él o ella la presencia espiritual de Cristo mismo que optó por ser uno como ellos y hoy se nos presenta a través de ese rostro.

c) Consideramos que el Espíritu Santo se manifiesta de modo visible en actos concretos como el don de lenguas o en un milagro de sanidad, o pensamos que actúa de modo invisible y descreemos de esos actos como formas de su acción. ¿Rechazamos alguna de estas dos posturas asumiendo la otra, o asumimos ambas, o nos inclinamos por alguna otra posibilidad?

Por asumir una u otra de estas actitudes teológicas, la gente se afilia o desafilia de una Iglesia. Considera a los miembros de una congregación verdaderos creyentes, personas con una fe madura, o piensa que están influidos por alguna doctrina que los aparta de una fe sólida, quizá demasiado liberales y escépticos o quizá demasiado espiritualistas e ingenuos.

Espíritu y materia ¿se oponen?

Lo que hemos dado en llamar espiritualidad es una de esas dimensiones que no pueden ser mensurables y, a diferencia de las acciones externas del ser humano, aquellas que se gestan en su interior se resisten a ser clasificadas, rotuladas y puestas en estadística. Si lo hacemos, es difícil no sentir que estamos utilizando herramientas que no se adecuan a la materia con que intentamos trabajar. Desde un comienzo sentimos que son varios los ámbitos donde se generan dificultades. En primer lugar, debemos mencionar el lenguaje mismo con que denominamos los elementos que están en juego. Los términos que utilizamos son confusos y no siempre expresan el verdadero sentido de lo que queremos decir. Basta como ejemplo recordar que en nuestras lenguas occidentales herederas de la comprensión griega de la realidad, la palabra "espíritu" expresa lo opuesto a la palabra "materia". Luego, "espiritual" es aquello que no es "material" o que —puesto en el ámbito de lo humano— no se preocupa por lo material. Una persona espiritual sería la que no atiende a sus necesidades corporales o las relega a un segundo plano. Además, los griegos distinguían la vida práctica *(bios praktikós)* de la vida contemplativa *(bios theoretikós)*. La primera era la ejercida por aquellos que desarrollaban tareas manuales, es decir, la inmensa mayoría de las personas. La segunda era a la que se dedicaban los pensadores, filósofos y artistas —las llamadas "ciencias del espíritu"—, desde antaño una minoría, y en aquel entonces librados de la necesidad de ejercer un trabajo manual para proveerse del sustento. Así heredamos el sentir de que pensar es una actividad desvinculada de lo material y concreto, mientras que los trabajos físicos parecen alejarnos de la espiritualidad. En cambio, en el hebreo bíblico, que es el lenguaje del Antiguo Testamento, "espíritu" está traduciendo el término *ruaj* que es literalmente *viento*, y por extensión *aliento de vida*, soplo vital, respiración. Hay *ruaj*-espíritu cuando hay vida y su opuesto no es lo material sino la muerte misma. En tiempos bíblicos se determinaba la muerte de alguien —o de un animal— cuando dejaba de advertirse el "viento" en su nariz. En el Nuevo Testamento, *pneuma* ("espíritu") se opone a *sarx* ("carne"), es decir, a lo perecedero, lo frágil. Espiritual en la Biblia significa que tiene vida, que crece y permanece, que tiene la fuerza que Dios insufló en tal persona o ser viviente y que sólo él puede otorgar. A la vez, los autores y personajes bíblicos fueron en su mayoría personas que ejercían tareas manuales concretas y en muy pocos casos se puede decir que ejercían la profesión de "pensadores". Aun así deberíamos distinguir entre ese papel tal cual se ejercía en Grecia y, por otro lado, en las culturas orientales del mundo bíblico. En estas últimas el "sabio" se reconocía por su temor de Dios, es decir, por cómo vinculaba su vida y pensamiento con el plan de Dios, más que por su sagacidad intelectual. Captar y explicar esta diferencia de sentido en los términos que usamos puede evitar amargas discusiones y malos entendidos —incluso amargos juicios entre creyentes— que enturbian la vida de la Iglesia y complican la misión.

Fe y acción evangélica

Otro ámbito que agrega confusión es la mutua incomprensión que ha signado la relación entre la dimensión espiritual de la vida cristiana y el impulso que esa misma espiritualidad da al creyente para que se comprometa en la construcción de una sociedad más justa y en la que las relaciones humanas estén signadas por el amor y la solidaridad, en lugar de la competencia y la exclusión. Algunos han expresado esta dificultad presentándola como un dualismo entre oración y acción cristiana que separa ambos aspectos de la vida de fe. Sin embargo, la oración como culminación de la espiritualidad y la acción como producto de la solidaridad cristiana, cuando van separadas, se desvirtúan una a la otra; pero la experiencia de las últimas décadas nos muestra que ha habido cristianos que, en sus esfuerzos por comprometerse socialmente, han sentido un cierto recelo hacia la espiritualidad, al menos tal cual ésta se ha presentado tradicionalmente. Esto sucedía debido a que se entendía la espiritualidad como una especie de refugio donde creyentes que no aceptaban comprometerse socialmente hallaban la oportunidad de cultivar su fe al margen de la sociedad y sus conflictos. Con perspectiva, esta espiritualidad era vista no ya como una opción evangélica, vinculada a un determinado modo de vivir la fe y la relación con Dios, sino como una forma conservadora de opción política, más o menos oculta detrás de un discurso religioso.

Desde el otro punto de vista, encontramos creyentes que vieron con desazón la participación política de un sector de sus hermanos. Ellos experimentaban que el compromiso social terminaba por debilitar la espiritualidad. Observaban que en cierto modo obligaba a la persona a dedicarse a cosas materiales, incluso a veces a recurrir a algún modo de violencia o a hacer concesiones con los medios habituales de luchas políticas. Estos aparecían como los responsables de conducirlos a descuidar su fe. No siempre era evidente en los casos concretos la conexión entre la fe y sus exigencias y la práctica política y social tal cual era asumida. Se observaba que las opciones políticas dividían a la gente, a la familia y a la Iglesia. Que viejos amigos y hermanos quedaban distanciados por un elemento *externo* a la fe y generado fuera del ámbito de la Iglesia. Es más: la Iglesia como comunidad sentía lo político como amenazante con respecto a su vida comunitaria y fraternal, pues sus planteos llegaban a romper la armonía propia de la vida congregacional. Para esta comprensión de la vida y la fe, cultivar la espiritualidad aseguraba una suerte de conexión con lo trascendente, que no se distraía en tareas momentáneas ni se dejaba entusiasmar con logros humanos y pasajeros y que no ponía en riesgo la integridad de la comunidad de hermanos sino más bien la fortalecía preservándola de ideas tenidas por ajenas a su identidad y a su misión específica tal cual está expresada en los evangelios.

Crítica y autocrítica

Ambas posturas, aunque las más de las veces asumidas en la Iglesia con sinceridad y entrega, están equivocadas de raíz y necesitamos criticarlas para luego poder dedicarnos a aportar positivamente en la construcción de una espiritualidad coherente con el evangelio. Debemos recordar que la espiritualidad es un modo de vivir —y no tanto de pensar— y eso nos ubica en una posición distinta respecto de sus preguntas y la búsqueda de sus respuestas. La crítica tendrá siempre algo de sincera autocrítica o no será consistente.

El compromiso social hecho en nombre de una fe cristiana que desconozca lo trascendente en la historia y que suponga la plena realización de las promesas de Dios exclusivamente en la historia humana debe ser considerado como una simplificación del mensaje bíblico. Justamente la novedad del mensaje de Dios en la Biblia es que lo trascendente se ha metido en la historia humana, que Dios se ha hecho uno de nosotros (Juan 1:14). Las narrativas bíblicas están pobladas de ejemplos donde el personaje se maravilla al encontrar signos de la presencia de Dios en lugares sencillos y, en cierto sentido, inesperados. Recordemos a Elías que, luego de sentir un viento, un terremoto y finalmente un fuego, encontró *a Dios* en una tenue brisa (1 Reyes 19: 11-12). El texto no nos conduce a decir que Dios *era* la brisa. Tampoco que Dios era *como* la brisa. La narración nos confronta con Dios mismo que se comunica y que se revela como aquel que ha estado detrás de todo el peregrinar del profeta que huye para preservar su vida. Podemos reflexionar en la misma línea cuando nos acercamos a aquel texto de Lucas 9:37-43, donde Jesús cura a un endemoniado y al quedar sano nos dice el texto que "todos se admiraban de la grandeza de Dios". Debe llamarnos la atención que los asistentes a la curación no se admiren del milagro de sanidad ni de la salud sorpresiva del joven. Lo que conmueve a sus mentes es comprobar que Dios ha actuado delante de ellos y que han sido testigos de una clara intervención divina. En estos textos, la "espiritualidad" no consiste en una actitud del personaje hacia su interior o hacia sí mismo sino en saber *ver* la presencia de Dios allí donde otros tan sólo veían una brisa vulgar o una persona que por alguna razón inexplicable había recobrado la salud a través de la acción de un varón desconocido, venido de Galilea y rodeado de gente de dudosa reputación.

Estas breves reflexiones nos conducen a decir que no hay espacio para una comprensión *pasiva* del ser y obrar de Dios, en el sentido de reducir su accionar a un mero fluir de las leyes naturales que, habiendo sido creadas por él, ahora son su único modo de obrar. Dios no es tan sólo una hipótesis necesaria para que el mundo tenga sentido sino, más bien, es una presencia real que modifica la vida del creyente y, a través de ella, la historia de todos los seres humanos. De otro modo, y llevado a sus últimas consecuencias, estaríamos en la postura del deísmo, que acepta la existencia de la divinidad, pero descree de su intervención personal en la vida de las personas y en la historia social. Es la imagen ya clásica de un pequeño Dios que habiendo creado y echado a rodar el mundo se habría acostado a dormir por la eternidad y permanecería indiferente con respecto a nuestro destino personal y comunitario.

Esta misma reflexión nos permite criticar con espíritu constructivo la actitud de aquellos hermanos que buscan una vida más espiritual alejándose de lo cotidiano o refugiándose en "las cosas de Dios". Por cierto que los evangelios nos muestran a Jesús retirándose a orar a veces en soledad, expresando la necesidad de un diálogo personal con Dios y el apartar un tiempo para que esa actividad no fuera perturbada por otras. Creemos que hemos prestado poca atención a esos momentos en la vida de Jesús, que denotan una significación particular en su propio modo de orar y son un signo sobre una relación madura entre el creyente y su Señor; sin embargo, esta actitud de Jesús debemos comprenderla tal como se presenta en las narraciones evangélicas, es decir, como parte de su ministerio dentro del cual había momentos de dudas y de flaquezas que revelaban su compromiso radical con lo humano, compartidos con momentos en que la gloria de Dios se hacía evidente en sus actos y palabras. Así, la relación que Jesús establece con su Padre se nutre tanto de los actos en relación con las personas que lo rodean como de aquellos momentos en que se apartaba para estar con Él en la intimidad de la oración. Cuando los evangelios nos lo muestran en conflicto consigo mismo debido a la necesidad de ser obediente al Padre —quizá la oración en Getsemaní sea el ejemplo más dramático— nos están presentando a un Jesús de tal modo compenetrado con lo humano que no nos deja lugar para considerar que estaremos más cerca de él al alejarnos de nuestros prójimos y sus problemas. Jesús está con la gente en actitud solidaria, acompañando a los que sufren y poniendo en evidencia la hipocresía de religiosos y gobernantes. Esto provocaba no pocos rechazos de aquellos a quienes Jesús *también* amaba y a quienes su mensaje estaba llamando a la salvación al mostrarles un modo distinto de relación entre las personas y en la sociedad. En esos actos se evidencia con total fuerza la espiritualidad de Jesús que es modelo para la nuestra: él veía en la carne y el hueso de sus prójimos la imagen real de Dios impresa en ellos. Sólo una mirada frívola hubiera desconocido la realidad del cuerpo y su dolor para resaltar una espiritualidad desvinculada de la vida concreta. En consecuencia, ocuparse de cosas como la justicia social, los derechos humanos, el desarrollo de la educación o la salud, no son actos ajenos a la fe y la espiritualidad; por el contrario, son modos de testificar que a Dios le interesa su creación y que escucha el clamor de sus hijos cuando sufren injusticias o son marginados.

6. LA ESPIRITUALIDAD DEL CREYENTE

La espiritualidad cristiana es el ámbito más adecuado para definir la relación del creyente con Cristo. Para llegar a saber de qué estamos hablando es preciso clarificar el terreno de otras realidades que pueden confundirse con la espiritualidad bíblica. También es preciso que nos preguntemos por la relación entre la espiritualidad del creyente y la realidad de la Iglesia en la cual esa expresión de la fe es vivida.

Comencemos afirmando que los seres humanos tenemos una dimensión espiritual que es constitutiva de nuestra vida. Como otras esferas de la vida, ésta puede ser canalizada correctamente o distorsionada hasta el absurdo. Es importante comprender que estamos en un terreno resbaladizo donde no toda espiritualidad es necesariamente cristiana, aunque eso no significa que no sea saludable para la persona o para quienes lo rodean, y, a la vez, que hay formas de espiritualidad que no sólo no son cristianas sino que distorsionan la verdadera relación con Dios. Veamos a qué nos referimos.

La espiritualidad es una apertura de la persona hacia alguien o algo diferente de ella a través de lo cual se siente completada. La amistad es una relación espiritual. El amor de pareja es una relación espiritual. Podríamos dar otros ejemplos en los que la relación se establece basada en valores impalpables y que exigen fidelidad y compromiso. Hay ciertas lealtades culturales o nacionales que tienen un alto componente espiritual: se constituyen no por intereses materiales, económicos o mezquinos sino porque la persona se siente vinculada con tal o cual identidad más allá, incluso, de sus propios intereses. Por una relación de este tipo se pueden hacer sacrificios, entregar gratuitamente lo que más queremos e incluso ofrendar la vida.

Una de las formas más interesantes de relación espiritual es la que genera el encuentro con el arte. La persona que se sensibiliza ante una tela, un poema, una melodía, o que es impactada en lo profundo de su vida por una novela, ha establecido una relación particular —y espiritual— con esa otra realidad que es la obra de arte. El artista puso algo en su obra que actúa por simpatía con otras personas más allá del tiempo, la geografía, incluso las culturas. Una tela donde el artista puso toda su fibra interior es contemplada varios siglos después, en un contexto cultural y social impensable por el autor, pero hay algo en ella que toca una fibra íntima en el observador de hoy. Eso es un vínculo espiritual y, como tal, casi no lo podemos explicar, pero es real y conduce a quien lo vive a establecer una relación más profunda e íntima consigo mismo y con los demás. La espiritualidad abre puertas interiores a espacios nuevos, profundos y a veces desconocidos, que calan hondo en la experiencia humana.

Lo que hay adentro

Esta espiritualidad presente en toda persona es la que toma la fe cristiana y se extiende hacia terrenos más extensos. Es interesante observar que la fe cristiana no se construye en oposición a estos valores espirituales que están adentro de la persona; por el contrario, los potencia y les da un referente distinto, tanto en su origen como en su objeto. La espiritualidad cristiana se distingue de otras en que tiene su origen en Cristo y tiene su objeto en el prójimo, pero se construye a partir de la experiencia humana y no desde un lugar desconocido e inmaterial. Es un error creer que todo lo que sale naturalmente de las personas, cuando no tiene un referente directo con la fe cristiana, no es de valor o —peor aún— que por sí mismo pertenece al mundo del pecado. La amistad, el amor, la dignidad existen más allá de una referencia explícita a nuestra fe, y la conversión no anula esos valores sino que la presencia de Cristo los eleva aún más. Para el punto de vista de la fe, lo que nos muestra esta experiencia es que el Espíritu Santo actúa más allá de las paredes de la Iglesia y de nuestra propia percepción de lo que debe ser su acción en nuestras vidas y en el mundo.

Debe ser claro para nosotros que estamos hablando de aquellas experiencias espirituales que contribuyen a elevar la vida, a dignificarla y a enriquecerla, no de todo aquello que la deteriora y destruye y que abunda en nuestro tiempo como lo hubo en todos los anteriores y que también pueden considerarse experiencias espirituales. La sensación de vaciedad y desencanto que ha embargado a la sociedad occidental en las últimas décadas combinada con la falta de perspectivas y esperanzas concretas ha provocado búsquedas alternativas para llenar esas carencias. Es difícil determinar si es justificable tal diagnóstico, pero lo que sí es cierto es que hay un auge de búsqueda del sentido para la vida porque se percibe que la realidad cotidiana le niega una orientación clara. Sucede que cuando en esa búsqueda no se encuentran respuestas sanas se da lugar a conductas nocivas para la persona y la sociedad. En este sentido podemos entender que el consumo de estupefacientes es un problema principalmente espiritual que atrae a personas que sienten que su vida no vale nada, que da lo mismo estar que no estar, que sea cual fuere su voluntad terminará siendo un número en la computadora. A la vez, no es de extrañar que en este tiempo surjan otros fenómenos sociales que expresan desazón y desencanto por la vida misma. Desde la cruel planificación económica de la pobreza de millones hasta los suicidios colectivos acordados por Internet, son otros ejemplos de que vivimos en una sociedad con una profunda desorientación espiritual. Más allá de que rechazamos por instinto la destrucción de la propia vida, cuando se analizan las razones que llevan a ciertas personas a optar por ese camino vemos que en ellos hay una falta casi total de expectativas en la vida inmediata y futura. Se ha roto el vínculo espiritual con la vida, con aquello que no podemos definir, pero que sentimos que está allí y nos impulsa a seguir viviendo. ¿Qué hay en la vida de aquellos que se escapan de la realidad o que buscan la muerte prematura? ¿Cuáles son sus ideales y cuál es el espacio que la sociedad les da para llevarlos a cabo? ¿Han tenido la oportunidad de desarrollar sus potencialidades como para poder optar por algo distinto para sus vidas? Puede haber respuestas individuales que expliquen las razones psicológicas en cada caso, pero el fenómeno social no se explica por conflictos individuales ni por la existencia de delincuentes que se enriquecen con el negocio de envenenar a la gente. Lo que pone en evidencia estas tragedias contemporáneas es la falta de sentido para la vida y el vacío espiritual en que hemos caído como cultura y como civilización.

La espiritualidad cristiana

Para el creyente, la espiritualidad no puede estar desvinculada de su comprensión del mensaje bíblico. En la

Biblia encontramos la materia prima para construir la relación con Dios que llamamos espiritualidad. El problema no está en "ser espiritual", porque ya vimos que hay una tendencia natural a serlo, sino en qué tipo de espiritualidad es la que da sentido a nuestra vida. Porque esa misma naturaleza humana que busca darle sentido a la vida y a la muerte a través de formas espirituales de relación también es rápida y exitosa en crear sustitutos de la verdadera fe y la verdadera espiritualidad.

Debemos reconocer que hay valores ambiguos en la espiritualidad. Lo mismo que nos acerca a Dios puede alejarnos; aquello que nos permite ver más claramente puede oscurecer nuestro entendimiento. Allí es donde el texto bíblico viene una vez más en nuestro auxilio. Cuando se recorren las páginas de la Biblia constatamos que en ella la espiritualidad se muestra en saber ver a Dios actuando en la historia humana. Veamos un ejemplo del Antiguo Testamento.

En Éxodo 3:8 hay una obra maestra del arte narrativo, pero también un texto que exige una profunda espiritualidad para comprenderlo en toda su dimensión. Dice así:

> *Y he descendido para librarlos de manos de los egipcios, para hacerlos subir de aquella tierra a una tierra buena y ancha, a una tierra que fluye leche y miel, al lugar del cananeo, del heteo, del amorreo, del ferezeo, del heveo y del jebuseo.*

Se utilizan dos verbos ("descender" y "subir") para describir la acción de Dios y la acción del pueblo. Dios desciende desde su lugar para encontrarse con su pueblo. La imagen de que Dios está "arriba" es muy antigua y aunque la reconocemos como un modo de hablar

—porque Dios está en todos lados y no sólo "arriba"— expresa simbólicamente la distancia entre nuestra situación de personas que caminamos por la superficie de la Tierra y Dios que no está comprendido por nuestras limitaciones. De modo que se dice que Dios descendió hasta el pueblo, pero también se dice que Dios "hizo subir" a Israel desde donde estaba. La expresión "subir" se utiliza en toda la Biblia para referirse a ir hacia Canaán, específicamente a Judá y a Jerusalén. Dado que esa región correspondía con la zona de las altas colinas de Judea y que Jerusalén estará ubicada en la cima de una de ellas (el monte Sion), para llegar allí desde casi cualquier lugar era necesario "subir" las cuestas. En nuestro versículo, el uso de los verbos "descender" y "subir" tiene un valor más denso aún. Dios tiene la iniciativa en ambos casos y al descender y al *hacer* subir a Israel se produce un encuentro a mitad de camino. De modo que Dios se aviene a descender hasta el fondo donde está su pueblo para acercarse a nosotros y desde allí somos llevados por Dios hacia su encuentro. Nótese que no es Israel el que busca a Dios sino que es Dios quien lo convoca a encontrarse a mitad de camino. En ese lugar que no se ubica en la morada de Dios —donde sólo Él accede a fin de evitar que nos apropiemos de Él— ni en el territorio de la esclavitud —donde moraban los israelitas y de donde quiere sacarlos— se da el encuentro que Dios promueve. El espacio para la espiritualidad es un lugar creado por Dios para que el creyente se encuentre con él y camine a su lado.

¿Y para qué nos convoca Dios a ese encuentro espiritual con Él? ¿Cuál es su intención? A los israelitas los llamó para ofrecerles un proyecto de vida que cambiara su esclavitud en libertad, su servidumbre en servicio a Dios y al prójimo. En el versículo se expresa ese proyecto diciendo que los llevará a una tierra distinta de la que ahora habitan. Esta tierra es descripta de tres maneras diferentes y complementarias: es un lugar bueno y amplio, hay abundancia de alimentos y es un lugar donde ya habitan otros pueblos. Es preciso hacer un esfuerzo para imaginar la sorpresa de los israelitas ante semejante descripción de la tierra prometida. Porque la tierra de Egipto donde ellos ahora estaban era mucho más buena y ancha, producía mil veces más alimentos que Canaán y al menos estaba habitada por una sola nación. Algunos llegaron a pensar que Dios los llamaba a dejar una tierra donde, aún con penurias, podían vivir sin sobresaltos —aunque estos olvidaban el intento de genocidio del faraón, quizá porque frente al desafío de la responsabilidad de ser una nación libre les brotó que "todo tiempo pasado fue mejor"— para ir hacia un lugar de dudosa bondad y donde quienes entonces habitaban la tierra no estarían gustosos de recibirlos. No se percataban de que la diferencia no era la calidad del terreno ni la amplitud geográfica sino la relación que ellos iban a establecer con esa tierra: mientras en Egipto producían para otros, en la tierra que Dios les iba a dar podrían disfrutar del fruto de su trabajo. La promesa consistía básicamente en que en aquel lugar podrían trabajar y crecer como personas y como pueblo porque el vínculo entre ellos y la tierra era dado por Dios mismo, el creador y dador de toda bendición. Allí tendrían identidad y podrían criar a sus hijos sin temor en un lugar donde Dios les ha prometido estar con ellos siempre.

El lector atento observará que en el versículo se mencionan las naciones que en ese momento habitaban Canaán y es imposible evitar la pregunta: ¿qué clase de regalo es éste que Dios les hace si la tierra pertenece a otro? Será una pregunta para responder a lo largo de todo el texto bíblico, pero podemos ver que en este versículo no hay mención de una conquista de la tierra. No se habla de que es necesario expulsar a los que hoy residen en Canaán para hacer lugar a Israel. Es como decir que allí donde viven seis naciones, Israel puede ser la séptima y compartir el territorio ("donde comen seis comen siete" parece evocar el texto). Recién en textos posteriores aparecerá el tema de la expulsión y la guerra de conquista, pero en este momento Dios anuncia que en aquel lugar podrán convivir con otros pueblos dentro de una relación pacífica. Lo curioso de toda la historia de la llegada a Canaán es que, aunque se narre la conquista, la guerra y la expulsión de los cananeos, los relatos bíblicos están llenos de ejemplos de que, en realidad, nunca los expulsaron realmente y que, en la práctica, convivieron y compartieron la tierra con ellos.

Saber ver ese proyecto de Dios para Israel fue la tarea espiritual más exigente que enfrentaron los varones y mujeres de aquel tiempo. Porque la fe que se les exigía no surgía de su misma naturaleza humana sino de estar dispuestos a ir hacia ese lugar creado por Dios para encontrarse con él y recibir su instrucción. Allí se puso a prueba la capacidad de discernir lo distinto en la historia, la voz y la acción de Dios actuando en medio de nosotros.

La espiritualidad y la Iglesia

La fe evangélica tiene un fuerte componente de devoción personal. Éste es un valor que debe ser preservado, pues la relación con Dios siempre será un diálogo personal y exigirá una decisión que nadie puede tomar por cada uno de nosotros. Ese diálogo personal se da en referencia a una comunidad mayor de varones y mujeres convocados por Cristo para llevar a cabo su misión en la tierra. Las narraciones de los evangelios son claras en mostrar que Jesús llamó personalmente a cada uno de sus discípulos y los convocó a formar un grupo de personas que debían actuar organizadamente. La imagen de ser "cuerpo de Cristo", donde cada miembro cumple una función irrenunciable y que ningún otro miembro puede cumplir, ya vimos que es ideal para describir la Iglesia. Así, la respuesta afirmativa al llamado de Dios nos hace parte de su Iglesia y es en ese ámbito donde primeramente hemos de vivir la espiritualidad.

Hay dos elementos que se balancean entre sí donde la Iglesia se revela como central a nuestra espiritualidad. Es como una tensión entre un doble movimiento que, por un lado, hace que la espiritualidad, en su búsqueda por alcanzarlo todo, esté siempre en proceso de ampliarse a otras áreas de la vida; pero, por otro lado, es preciso que haya un parámetro que acompañe esa expansión conduciendo la espiritualidad para que permanezca como expresión de la fe cristiana y no vaya detrás de modelos que a la larga la empobrecerán. Ambos movimientos los describimos de la siguiente manera:

La espiritualidad personal en su búsqueda de expansión encuentra en la realidad exterior espacios para profundizar. Descubrimos que las personas que nos rodean no son meros compañeros de ruta en el camino de la vida sino ventanas a algo más profundo y significativo. Nuestra propia interioridad es una ventana a comprendernos y encontrarnos, a reconocer que somos más que esto que se estira entre nuestro sombrero y nuestros zapatos. En esta exploración interior no hay límites porque es un recorrido a lo humano y un camino hacia aquello que Dios ha creado en nosotros.

Ese movimiento de expansión encuentra un marco de referencia en la Iglesia. La Iglesia por su esencia misma nos recuerda que no somos los únicos llamados por Dios y que no estamos solos para llevar a cabo su misión. Es más, nos recuerda que la espiritualidad necesaria para ser parte de esa comunidad llamada Iglesia supone el reconocimiento del prójimo —tanto de los ya creyentes como de los que no lo son—, así como de una permanente referencia a Cristo que es fuente y fin de toda espiritualidad cristiana. En la Iglesia, la espiritualidad se nutre y corrige por comparación con la experiencia de otros hermanos y hermanas que son parte de la misma búsqueda.

7. La Iglesia misionera

Las últimas palabras de los Evangelios de Lucas y Marcos anuncian la misión que el Cristo resucitado les encomienda a los discípulos. El Evangelio de Lucas expandirá el anuncio de esta misión en todo el libro de los Hechos mientras que el Evangelio de Juan lo reparte en varios pasajes de su narración. Al llegar al final de estas narraciones, el lector tiene la sensación —y podríamos decir la certeza— de que algo queda por hacer, que el mensaje de Dios no se ha agotado y que todavía quedan desafíos delante en el camino. Eso que "todavía falta hacer" es lo que el Señor deja en manos de la Iglesia y, por lo tanto, la misión de la Iglesia no es una tarea accesoria sino que se revela como esencial a su existencia y su verdadera razón de ser. Cabe que nos preguntemos, ¿en qué consiste esta misión?

Si seguimos el texto del Evangelio de Mateo, encontramos que son tres las tareas encomendadas y se presentan en este orden: hacer discípulos, bautizarlos y enseñarles que vivan de acuerdo con el mensaje de Jesús; pero es llamativo que, de las tres, el bautismo en el nombre del Padre, del Hijo y del Espíritu Santo sea el rito por el cual el nuevo creyente será incorporado a la Iglesia y comenzará su camino de fe. Lo curioso de unirlo con las otras dos es que bautizar es una actividad distinta desde el momento en que es algo puntual, mientras que el anuncio del evangelio y la educación en la fe son actos que se prolongan en el tiempo y podríamos decir que nunca cesan de ejercerse, al menos hasta que se arribe al fin de los tiempos cosa que excede todo cálculo nuestro.

Así descubrimos que estamos ante una sucesión natural de hechos que comienza con el anuncio del Evangelio, sigue con la incorporación a la Iglesia a través del bautismo a los que responden afirmativamente a ese mensaje, y continúa con la tarea de comenzar en ese momento el camino de crecer en la fe, de vivir la vida en esa nueva perspectiva. En este sentido podemos decir que la misión surge de la misma naturaleza del Dios trino y pone en movimiento la totalidad de la experiencia de la relación entre los creyentes y su Dios. Son sucesivos movimientos que comienzan con el Dios Padre que envía al Hijo para dar testimonio de la voluntad redentora y el compromiso de Dios con la humanidad; luego se continúa con el Hijo que testimonia y "muestra" la voluntad del Padre en su propia vida y en sus palabras; y el Hijo envía al Espíritu Santo para que actúe en el mundo como sostén y compañía de los que creen en él.

A estos tres movimientos se les agrega el último que consiste de que ese Dios trino envía a la Iglesia para que continúe la misión ya iniciada por Dios. En el desarrollo de la revelación de Dios, esta etapa es un nuevo movimiento en el cual cada miembro tiene un lugar asignado y una responsabilidad en la comunicación del evangelio. La Iglesia, en consecuencia, es una entidad creada en vista de esa misión y no como un fin en sí mismo; pero la misión de Dios supera el espacio de la Iglesia. En lo que respecta a su razón de ser no puede descansar en otros aquello que le da sentido a su existencia: es llamada ante todo a ser Iglesia misionera.

Tres dimensiones de la misión

Al momento de ser específicos respecto a la misión, debemos distinguir tres aspectos que expresan su diversidad y riqueza. Nos referimos al testimonio *(martyría)*, al servicio *(diakonía)* y a la comunión *(koinonía)*. Los tres aspectos son distintos, pero juntos conforman la misión de la Iglesia. Veamos cada uno de ellos.

El testimonio de la Iglesia es un ingrediente fundamental de su misión. La palabra griega *martyría* (que significa "testimonio") evoca momentos de la Iglesia cuando dar testimonio de la fe podía —o aún puede— costar el martirio y la muerte; pero lo que indica esta dimensión es la necesidad de "decir" lo que todo creyente sabe acerca de la salvación en Cristo. El testimonio es narrar a otros el origen de nuestras conductas y opciones. Puede ocurrir que, al ejercer las otras dimensiones de la misión (especialmente el servicio al prójimo, pero en ocasiones también puede suceder con la comunión entre creyentes), el cristiano sea llevado a actuar en ámbitos seculares y en espacios donde la fe de los participantes no es el motivo que los reúne ni ocupa un lugar explícito. De allí que el testimonio sobre la raíz de tal o cual opción que asumimos es parte de la misión que debemos ejercer.

Dar testimonio de la fe es también una tarea que nos remite al centro de esa misma fe. La fe cristiana es una fe proclamada, anunciada, que se vive compartiéndola. No hay en la Biblia muchos ejemplos de una fe que se alimenta a sí misma desvinculada del prójimo. Más bien, cada personaje destacado de las narraciones bíblicas se presenta siempre en relación con otras personas, sea para bendición o como ejemplo de lo que aleja de Dios. Jesús no predicó su mensaje en soledad. Es como si las Escrituras nos dijeran que la fe bíblica se construye en relación con Dios y con el prójimo.

La siguiente dimensión es el servicio al prójimo. La palabra griega *diakonía* expresa este aspecto que tiene que ver con el vínculo entre la Iglesia y la realidad que la rodea. Los tiempos cambian y cada cual tiene sus propios desafíos, pero es claro que la Iglesia no puede ser ajena a lo que pasa a su alrededor. Si afirmamos que Dios es creador del universo, debemos asumir que la totalidad de la creación es motivo de su atención y que es nuestra tarea obrar sobre ella para expresar la voluntad de Dios. Esta dimensión es la que busca mostrar el amor de Dios por la humanidad en su conjunto, especialmente por los que más sufren y padecen las consecuencias de injusticias y crueldad. La *diakonía* cristiana tiene varios aspectos, pero al menos debemos distinguir aquella que se ejerce desde la Iglesia misma a través de su acción directa, de aquella en la cual el creyente obra más allá de los límites de la comunidad cristiana. Ambas son parte de la misión de la Iglesia y deben considerarse como una tarea a la que unos u otros son llamados. Tanto aquellos que ejercen el servicio al prójimo en la Iglesia como quienes lo hacen en organizaciones sociales no directamente vinculadas con ella deben entender su trabajo como una contribución a que la Iglesia sea más madura en su misión.

Los lazos entre el servicio y el testimonio son evidentes. Al servir al necesitado o al que espera una palabra de fe y aliento se está dando un testimonio del amor de Cristo hacia esa persona que puede ser creyente o no, o puede entender o no entender la fe que nos mueve. Le llega nuestra ayuda —el acto visible de amor al prójimo—, pero a través de nosotros se está expresando el amor de Dios hacia ella, el acto invisible del amor de Dios. Si deseamos ser fieles a la integralidad de la misión de la Iglesia, es preciso que el acto visible de servicio muestre la fe que lo fundamenta y refiera al acto invisible que está implícito en él.

En esto debemos ser claros. No se trata de hacer vulgar proselitismo o de presentar nuestra fe como la única fuerza capaz de llevar adelante un proyecto solidario y de transformación de la sociedad; eso sería mero clericalismo evangélico —desgraciadamente un problema cada vez más frecuente— y empobrecería el testimonio de la Iglesia; ni pretender que el creyente es el único capaz de amar al prójimo y solidarizarse con él. No sólo estaríamos negando valor al compromiso de otras personas sino más bien estaríamos desconociendo que amar al prójimo es también un mandato de otras expresiones religiosas (por ejemplo, el judaísmo, las religiones nativas) y también un valor ético de filosofías y opciones sociales, en ocasiones sin un vínculo religioso. De lo que sí se trata es de no ocultar la fuente de donde surge la fuerza de la Iglesia y de hacer evidente la fe que da sentido a nuestros actos. Dos consecuencias teológicas surgen de esta afirmación:

La primera previene acerca de que la Iglesia, al servir al prójimo, se crea con derecho a alguna retribución celestial. Se sirve y se ama al prójimo en gratitud por la gracia ya recibida y en el marco de la tranquilidad de espíritu que concede saber que Cristo ya ha hecho por nosotros todo lo necesario para darnos la salvación. Así, el amor que la Iglesia expresa al obrar en beneficio de otros es un amor que no le pertenece ni surge de su propia entidad sino que es el reflejo del amor de Dios, derramado previamente en ella.

Lo segundo tiene que ver con la colaboración con aquellos que no manifiestan una fe como la nuestra y, sin embargo, se comprometen en el servicio al prójimo. Esto, más que turbar al cristiano, lo tiene que conducir a descubrir la acción del Espíritu Santo más allá de las paredes de la Iglesia e incluso de las mismas Escrituras que nos ha legado.

Debemos celebrar con alegría que varones y mujeres de otras confesiones o de pensamientos seculares coincidan con nuestros postulados éticos y nos encontremos juntos en la tarea de hacerlos realidad; pero el cristiano debe ser consciente de que su opción es *evangélica*, aunque otras personas arriben al mismo compromiso desde otro ángulo, otra fe o simplemente con motivo de su propia sensibilidad por la causa que los reúne. Esto no significa que nuestra opción sea más verdadera o profunda, pero sí significa que nuestra opción tiene un doble referente desde el momento en que mira al prójimo y mira también a Cristo. Dicho de otro modo, vemos en el prójimo la presencia de Cristo.

La tercera dimensión es la *koinonía*. La comunión *(koinonía)* de los creyentes es un regalo de Dios que no siempre hemos sabido reconocer. Es la construcción de la comunidad cristiana como espacio para compartir la fe y la vida. Es el lugar del encuentro y de la mutua comprensión. La *koinonía* entre los creyentes debe emular la relación entre Dios y sus hijos e hijas. Así como Dios se vincula en amor con nosotros, del mismo modo somos llamados a vincularnos en el contexto de la Iglesia; sin embargo, esto debe ser asumido como parte integral de su misión y no como una opción entre otras posibles. Sin *koinonía* no hay Iglesia, del mismo modo que no la hay sin testimonio o servicio al prójimo. Esto no quiere decir que en la Iglesia no habrá disensos, discusiones y hasta puntos de vista encontrados; si todo esto se da en el marco de una sana relación comunitaria de amor y comprensión, las diferencias serán comprendidas como diversidad y enriquecimiento de la Iglesia y no como una competencia por imponer criterios. Ya señalamos en el capítulo 6 que la Iglesia no es una comunidad perfecta y lo reafirmamos ahora, pero no se necesita perfección para ser una comunidad cristiana; lo que se requiere es estar dispuestos a dar lo mejor de lo nuestro y aceptar que no somos los únicos en la Iglesia.

La Iglesia en actitud misionera

De la exposición anterior surge que la misión de la Iglesia afecta todos los aspectos de su vida. Si la entendemos en ese sentido, podemos decir que la misión de la Iglesia se realiza cuando la Iglesia se dispone a asumir una actitud misionera. Así, desde el cuidado de la creación hasta la búsqueda de llevar la salvación a todos; desde promover la solidaridad y la justicia hasta proveer de textos bíblicos accesibles y bien traducidos; desde consolar al enfermo hasta ayudar a quien ha sido golpeado, todo es parte de la misión de la Iglesia y sucede y se cumple en la historia humana. Aunque hay un riesgo en esto en el cual la Iglesia puede caer en cualquier momento, y es que una comprensión tan amplia de la misión de la Iglesia parece incluir todo en ella y es sabido que hay una corta distancia entre "todo lo es" y "nada lo es". Es como si dijéramos que si *todo* es misión, también *cualquier* actividad lo es. Y sin duda que no es así. ¿Cómo podemos superar esta situación?

Es preciso evitar que la misión se transforme en una suerte de empresa civilizadora universal que termine por reemplazar la tarea específica encomendada a la Iglesia. Llegados a este punto parece oportuno volver sobre los textos fundamentales de la fe y buscar en ellos orientación sobre este aspecto. Cuando leemos las narraciones sobre la vida de Jesús, resulta evidente que testimonian que él vino a traer *salvación* y, más allá de cuál sea nuestra compresión de ese concepto, eso fue entendido por sus contemporáneos como *buena noticia*, como *evangelio*.

La misión de la Iglesia es anunciar ese evangelio e invitar a asumirlo como rector de la vida. La misión de la Iglesia es —dicho llanamente— evangelizar. A nuestro criterio, evangelizar es una tarea altamente contextual y que va desde lo más simple —orar con quien está pasando por una situación particular, enseñar en una escuela dominical— hasta actividades complejas como participar en movimientos sociales en los cuales se trabaja por la justicia y la igualdad entre los pueblos y personas; pero lo propio de la misión *evangelizadora* es que la referencia a la fe se hace explícita y la invitación a acercarse a Cristo no es algo que deba descubrirse debajo de las palabras porque es un ofrecimiento claro y nítido.

Hay ciertos criterios que pueden orientarnos acerca de cómo lograr que lo que la Iglesia hace se distinga como *misión evangelizadora*. Éstos nunca se dan puros ni completos y, en general, debemos buscar indicios parciales que confirmarán que el criterio se está cumpliendo. Al menos uno de éstos debería estar presente en toda actividad de la Iglesia. Señalamos cinco criterios.

1. Las actividades de la Iglesia deben, de un modo u otro, referir a la fe que la fundamenta. Aquello que la Iglesia hace debe hacer evidente que su tarea y sentido están en anunciar la buena noticia del Evangelio a todos. Muchas veces podemos suponer que la referencia a la fe está implícita en lo que la Iglesia hace, pero si bien en muchos casos puede suceder que así sea, en otros, el testimonio puede debilitarse si no se hace explícita esa intención.

2. La Iglesia en sus actividades debe contribuir al crecimiento en la fe de sus participantes. Desde crecer en espiritualidad hasta profundizar en el mensaje de las Escrituras, lo que la Iglesia haga debe alimentar el crecimiento de la fe y el acercamiento a Cristo. Para cumplir su misión, la búsqueda de una fe más madura debe ser un acto consciente de las actividades de la Iglesia.

3. Aquello que la Iglesia haga debe contribuir a fomentar la vida congregacional. Debe buscar crear vínculos entre los miembros y alentar la creación de una comunidad de personas que, unidas, den testimonio de Cristo.

4. La Iglesia debe alentar y respaldar la participación del creyente en la vida secular y en las organizaciones sociales que contribuyen a la justicia, a la cultura y a la participación social. A la vez, debe instruir a sus miembros para que esa participación sea también un espacio de testimonio de la fe que los mueve.

5. Lo que la Iglesia haga debe invitar a la fe en Cristo. No siempre somos conscientes de que, cuando ayudamos a alguien en su necesidad o cuando aconsejamos a quien está en problemas, si no acompañamos esa acción con una invitación a la fe, no estamos ofreciendo lo mejor que tiene la Iglesia. Si no comunicamos esa fe que da fundamento a la vida y existencia del creyente, la misión de la Iglesia se verá mutilada.

II. Cristo y nosotros

8. ¿Quién decimos que él es?

La pregunta por la identidad de Cristo es también la pregunta por la identidad de la Iglesia que lo proclama y reconoce como su Señor. Cuando Jesús de Nazaret le pregunta a sus discípulos "¿Quién dicen los hombres que soy?" le responden con tres muertos: Juan el Bautista, Elías y Jeremías. A continuación, Jesús insiste con su pregunta, pero ahora se dirige a ellos mismos "¿Quién dicen ustedes que yo soy?" La respuesta de Pedro debe haber sido para ellos muy extraña por lo contundente: "tú eres el Cristo", es decir, el mesías, el ungido de Dios (Mateo 16:13-16). ¿Cómo respondemos nosotros? La respuesta que demos revelará la Iglesia que somos y por esa razón, esta vieja pregunta de Jesús continúa resonando en nuestros días y cada generación debe dar su respuesta.

El Cristo y los Cristos

Comencemos con una afirmación del teólogo danés Söreen Kierkegaard: Cristo es el eterno contemporáneo. La relación entre la eternidad y la contemporaneidad de Cristo es lo que nos interesa en este momento. En esa afirmación están concentradas las preguntas por la universalidad de Cristo, es decir, el Cristo de siempre, el de nuestros abuelos y de nuestros nietos, y sus concreciones particulares, las formas por las cuales él se hace contemporáneo a nosotros, el Cristo de hoy, el que sale a nuestro encuentro cada día, el que habla nuestra lengua. ¿Quién decimos que él es?

En *primer lugar*, debemos preguntarnos por el Cristo de las narraciones bíblicas. No es éste el lugar para hacer un resumen del contenido de los evangelios pero es sabido que cada uno de los cuatro evangelios refleja una visión de Cristo particular y relativa al contexto en el cual cada texto fue producido; también que esas visiones diversas coinciden en lo esencial y nos dan el perfil de ese galileo que se revela en su predicación de la cercanía del Reino de Dios y del cumplimiento de los tiempos como el Hijo de Dios y lo anuncia a todo el que quiera oír. De modo que los evangelios nos muestran a una persona que no se quedaba quieta sino que iba por los caminos mezclándose con la gente (el primer nombre que se les dio a los cristianos fue "los del camino"), por las aldeas predicando y en los barrios convocando a las personas a reencontrarse con Dios.

Los evangelios nos lo muestran dialogando con todos, especialmente con los marginados y despreciados de su tiempo. Jesús se reunía con aquellos que eran considerados impuros, como los enfermos, corruptos, como los cobradores de impuestos, infieles, como las prostitutas, pecadores, como los pobres. A todos los llamó a la fe y al compromiso con el Reino de Dios que —de acuerdo con sus palabras— "se ha acercado". Hoy sabemos que esa frase se refiere a sí mismo, a que el Reino está cerca cuando él está cerca.

Además, las narraciones bíblicas nos muestran a Jesús desafiando a los poderosos y exaltando a los débiles y humildes. No se llevó bien con los sacerdotes ni con los eruditos de su época. A unos les molestaba su actitud abierta a modificar las tradiciones, muchas de las cuales no tenían base en las Escrituras (nuestro

Antiguo Testamento) o respondían a una lectura mecánica y literal que no respetaba el espíritu de la Ley. A los otros les preocupaba su cuestionamiento de las autoridades y jerarquías, especialmente porque ponía en tela de juicio la honestidad del ejercicio de su poder.

Finalmente es preciso decir que la vida y el mensaje de Dios en Cristo no se agotan en ninguno de los textos de los Evangelios. Éstos son dados para que desde la fe nos encontremos con el Cristo anunciado en los relatos evangélicos.

En *segundo lugar* podemos buscar identificar a Cristo a través de la experiencia y la celebración de su vida que se hace en la Iglesia de hoy (también, por supuesto, del Cristo que se celebró a lo largo de los siglos pasados). Como una piedra que cae en el estanque y genera ondas en el agua cada vez más amplias, las imágenes de Cristo se extienden desde el pequeño círculo de la devoción personal e intimista hasta los espacios mayores de encuentro con el prójimo y con la sociedad. Es el Cristo negro de los pueblos esclavizados, el Cristo pobre de las masas hambrientas, el Cristo secularizado del habitante posmoderno de las grandes ciudades. Es el que está allí cuando elevamos la palabra de gratitud por la alegría de la fiesta y el que también está allí cuando le contamos la amargura del dolor o la soledad.

Estas imágenes de Cristo se desarrollan a partir de la experiencia de que Cristo pisó la tierra, vivió y murió como un ser humano limitado como lo somos nosotros y por esa razón es que es, al reconocer nuestras limitaciones y fragilidades, nos acercamos más a él. Porque Cristo fue judío, puede ser recreado por los indígenas o por nuestras identidades regionales; porque fue auténticamente varón, puede entenderse la experiencia de ser auténticamente mujer; porque fue un marginado religioso es que puede ser comprendido por la fe de la Iglesia.

Los Cristos contemporáneos nos revelan que es a través de su forma humana que podemos entender su persona y su mensaje. Dios se hizo carne para que quienes no conocen otro lenguaje que el de la limitada, pero bendita, vida humana puedan acceder a su comprensión plena.

Llegados a este punto es imprescindible preguntarnos si estos "Cristos contextuales" son meras proyecciones ideológicas y culturales y no el Cristo "verdadero". Si cada sector social, cada contexto histórico y cada experiencia personal "crea" su Cristo, ¿no estaremos haciendo de él un Dios a semejanza nuestra? Sería en ese caso un Cristo funcional a determinado proyecto político o cultural, sea de nuestra simpatía o no. Esto es siempre un riesgo y una tentación para la Iglesia y para cada cristiano. Cuando actuamos así, obramos no sólo el peor de los fundamentalismos sino una reducción de Cristo a la dimensión de nuestra pequeñez.

Es allí cuando es preciso volver a pensar sobre nuestra particular comprensión de Cristo sin que eso signifique que vamos a cuestionar o debilitar nuestra fe sino, por el contrario, esperamos que de esa experiencia salga fortalecida. No es hacerle un favor a la causa de la fe y de la Iglesia presentarle un Cristo definitivo y total, sin espacio para las relecturas ni abierto a las discrepancias. Sería, desde nuestro punto de vista, un Cristo desvirtuado por la manipulación y, en consecuencia, débil e inconsistente.

Que los poderosos hayan utilizado y utilicen hoy la religión en su favor para oprimir y dominar (por ejemplo, durante la conquista de América o las llamadas "guerras santas") no nos autoriza a hacer lo mismo desde un signo contrario. En realidad, creando un Cristo a nuestro gusto no estaremos más que vaciando de contenido al verdadero Cristo que reconcilia y sana. Y nuestro

Cristo siempre será mucho menos revolucionario que el verdadero y real que surge de contrastar nuestra experiencia contextual con la palabra escrita que lo describe y nos entrega su mensaje.

No estamos reclamando una forma idealista de pensar, por la cual un Cristo perfecto e ideal se hace concreto en formas contextuales "imperfectas"; lo que estamos pidiendo es que tengamos la entereza de reconocer nuestras limitaciones y estemos dispuestos a contrastar siempre la comprensión que tengamos de Cristo con aquel que las Escrituras nos entregan. Esa actitud deberá ser un principio central de la fe pues nos permitirá evitar que manipulemos al hijo de Dios otorgándole la forma y las características que lo asimilen a nosotros mismos y así distorsionado nos impida ver el verdadero Cristo de quien las Escrituras dan testimonio.

¿Quién decimos que él es?

Si esta pregunta se la dirigimos a los primeros testigos de la vida de Jesús encontramos respuestas contradictorias: para los romanos fue un caudillo político que se creía rey, para los fariseos fue un idealista exagerado y un trasgresor inútil; para las mujeres fue una luz que se encendió y luego se volvió a apagar; para los judíos zelotes revolucionarios fue un débil y un conservador; para los pobres fue un profeta y un liberador frustrado que generó expectativas que no fueron cumplidas; por último, para los miles que lo vieron pasar por sus aldeas y campos fue un iluminado que terminó condenado y muerto. Vamos a plantear dos preguntas teológicas que nos ayudarán en esta cuestión:

¿Cómo hablar de Cristo hoy?

Damos testimonio de Cristo en el seno de la comunidad que es la Iglesia. En ella se cultiva el Cristo de la fe, aquel a quien invocamos en las oraciones y celebramos en la mesa. Es el Cristo que reúne en torno a sí mismo una comunidad de mujeres y varones, de niños y ancianos, de pobres y de personas afortunadas, de eruditos y de gente sin instrucción. La propia diversidad dentro de la Iglesia ya es un testimonio ante un mundo cada vez más dividido por todo tipo de formas de clasificación de las personas; pero la Iglesia, al reunirse, lo hace con un fin, y es preciso preguntarse por el sentido de ese fin.

El conflicto entre una Iglesia tradicional y otra progresista parece no tener ya demasiado valor desde el momento en que ambos modelos expresan sólo parcialmente el en fin de la Iglesia. Mientras que en un modelo se buscaba privilegiar la vida interna de la Iglesia, la preservación de las doctrinas de la fe y el desarrollo de una espiritualidad que es íntima y a la vez comunitaria, en el otro se buscaba dar relevancia social a la misión de la Iglesia involucrándose en los conflictos políticos y sociales, y ejerciendo la voz profética fuera del ámbito eclesial.

Desde América Latina vinieron las primeras advertencias con respecto a que, mientras en el primer modelo se buscaba la ortodoxia, en el segundo lo importante era la ortopraxis. Así, a la correcta doctrina (*"ortodoxia"*) se le oponía la correcta acción (*"ortopraxis"*). Esta categorización fue útil cuando ejercer el compromiso social del creyente era considerado estar fuera de la recta doctrina. Mientras de un lado se acusaba de romper con la doctrina cristiana (o incluso de pervertirla), del otro se señalaba que desde la praxis social se conformaba una nueva doctrina más afín a los procesos de justicia y liberación.

Esta nueva doctrina convocaba a un nuevo modo de espiritualidad "en la acción" y a una nueva forma de ser Iglesia más comprometida con la justicia y la causa de los pobres. Sin lugar a dudas se fueron descubriendo nuevos espacios teológicos y se rompieron barreras de prejuicios ideológicos y sociales. Sin embargo, una evaluación elaborada a cierta distancia muestra que ambos modelos se necesitan y complementan.

Hoy sabemos que la preservación y la evolución de las doctrinas de la fe son elementos centrales de la acción de la Iglesia. No hay praxis social y política sin una doctrina que la respalde, aun cuando esa doctrina deba ser revisada y vuelta a formular. Por otro lado, la doctrina de la Iglesia no debe ser instrumental a ninguna ideología sino que debe ser una herramienta para aproximarse a los desafíos de su tiempo y contribuir a superar los conflictos, promoviendo la justicia y la verdad. La Iglesia no puede dejar de preguntarse por lo que está sucediendo en la sociedad en la que vive, y es llamada a dar testimonio en ese lugar donde fue puesta, porque una Iglesia de puertas cerradas no tiene futuro, pero tampoco tiene presente, desde el momento en que las puertas si están cerradas al mundo, lo están también para Cristo; y así, del mismo modo que Cristo nos empuja a salir al mundo también ese mismo Cristo es el que nos invita a la reflexión, a la oración, y el que nos ayudará a morir cuando llegue el momento.

El Cristo de la Iglesia y el Cristo de la calle

Cabe todavía la pregunta por la vinculación entre el Cristo celebrado en la comunidad de la Iglesia y ese mismo Cristo que actúa más allá de sus paredes, que obra en la historia su plan de salvación. Hace unos años parecía más fácil hablar del "Dios de la historia" o de Cristo "Señor de la historia". Había una suerte de confianza en que las fuerzas naturales de la historia nos conducirían a un mundo mejor, que había una inclinación inevitable en esa dirección. Claro que había conciencia de los problemas y sufrimientos, pero todo se entendía como el camino del desierto, después del cual la tierra prometida se abriría amplia y generosa. Se percibía con toda claridad la crueldad y el dolor y hasta se planificaba su erradicación en el marco de un implacable evolucionismo histórico (de raíz a veces marxista, pero también liberal desarrollista) que daba sostén ideológico al hecho de que "en ultima instancia" la historia sería benigna con los seres humanos. De esa manera se afirmaba sin mayores problemas que Dios estaba detrás de toda nueva etapa del devenir humano en camino al Reino.

Quien escribe estas páginas cree que hoy estamos menos entusiasmados con este tipo de pensamiento y no nos resulta tan fácil explicar porqué, si el Señor lo es de la historia, la historia humana es tan cruel y no parece dirigirse hacia un estadio mejor. Porqué hay tanto sufrimiento que parece no tener ningún sentido ni ninguna posibilidad de ser redimido.

No es una pregunta sencilla de contestar en el marco de la sociedad en que vivimos. Sea la sociedad hiperdesarrollada o la de los fuertes contrastes en América Latina u otras partes del sector desprotegido del mundo, con todo derecho se nos pregunta por el modo de estar en el mundo del Cristo que predicamos. Debemos dar cuenta de cómo se manifiesta en la historia humana el Cristo que celebramos en la mesa de comunión.

Creemos que es posible dar una respuesta si es que evitamos dar otra, más común y escapista. Debemos evitar dar la imagen de un Cristo desencarnado, perfecto en su soledad y alejado de toda forma de contacto con lo humano. Esto debe evitarse no sólo porque es un Cristo artificial, no bíblico y falso, sino porque también ese Cristo camina en contra de la gente, se lo aleja para poder dominarlo y a través de él dominar a las personas.

A nuestro criterio, en una sociedad quebrada por las injusticias y la marginalidad, Cristo se hace presente cuando nos duele el rostro de aquellos que sufren. Cristo está en la indignación ante el desprecio hacia los pobres y los olvidados del mundo. Cristo está en la familia que llora la pérdida de un ser querido; en quien vela junto a la cama del hospital donde agoniza el enfermo; en el tesón del cuerpo del discapacitado. Cristo está en la mujer golpeada que busca reconstruir su vida y en las víctimas inocentes de la guerra absurda. Está en el llanto silencioso de los pueblos indígenas despojados y en las celdas donde espera el fuego final el condenado. Cristo nos espera en la esquina junto a los desocupados, en el salón oscuro donde se desperdicia la vida y el alma; pero el rostro de Cristo no es un ícono para contemplar. Llama allí donde aparece, como aquella vez que dijo "sígueme" a quien sería luego uno de sus discípulos. A pesar de nuestras imperfecciones, Cristo también se hace humano en aquellos que luchan por la justicia, en el pacificador que arriesga su vida, en el juez honesto, en la generosidad del que comparte lo que tiene, en quien denuncia la corrupción. Cristo está en aquellos que no se doblan ante la tentación del dinero ni descansan hasta que la luz brille y deje ver los verdaderos rostros del Cristo siempre eterno y siempre contemporáneo.

9. Recordar nuestro bautismo
(¿Quién soy?)

El bautismo es el sacramento por el cual las personas somos incorporadas a la Iglesia. Esta afirmación es aceptada por todas las iglesias, a pesar de que la forma y el ritual pueden variar significativamente en cada caso. En algunas tradiciones, el bautismo debe ser por inmersión total —y no se reconoce otra posibilidad—, mientras que en otras se acepta el derramamiento del agua sobre el bautizando. Hay denominaciones que exigen el bautismo de adultos, es decir, de personas que puedan dar testimonio de su fe; mientras que otras tradiciones aceptan —y privilegian— el bautismo de niños basado en la fe de los padres y padrinos. Mientras que para muchas familias eclesiales el bautismo es irrepetible y rechazan la práctica del "rebautismo", otras consideran que volver a bautizar es natural si se entiende que el primer bautismo no fue fiel expresión de la fe del creyente o si un cambio en su vida de fe hace sentir como nulo aquel bautismo anterior.

Las polémicas por estas opciones fueron y son intensas, y sin duda tienen su valor desde el momento en que expresan profundas convicciones sobre el significado del bautismo, pero en cierta medida han conducido a ocultar un punto central que consiste en que en ese acto adquirimos identidad ante Dios. En el bautismo recibimos el nombre por el cual nos conocerá Dios y por el cual seremos reconocidos por los hermanos de la Iglesia. El nombre "de pila" es aquel que recibimos ante la pila bautismal y el que, con el devenir de los años, casi se confundirá con nosotros mismos. Esto se produce en la convergencia de dos realidades opuestas: en el bautismo es cuando más solos estamos ante Dios; en el bautismo es cuando más acompañados ante él estamos por la Iglesia.

¿Cuál es tu nombre?

En las tradiciones donde se bautizan niños, el pastor suele comenzar la liturgia convocando a los padres y padrinos a que pasen al frente trayendo al bautizando. Un niño o niña ha nacido y desean incorporarlo al pueblo de Dios en un acto público. Ellos tienen fe y buscan que este nuevo integrante de la familia también crezca en esa fe y sea recibido por la comunidad de la iglesia como un integrante más. Es difícil imaginar la fragilidad de un bebé y su soledad en ese instante. Sus limitaciones y dependencias son evidentes, su necesidad de apoyo, alimento y cariño son tantas como quizás nunca más en el resto de su vida. En ese estado está frente a Dios. ¿Podrá dudar como Tomás? ¿Reclamará al Señor como lo hizo Job? ¿Querrá huir como Jonás? ¿Lo negará una y tres veces como Pedro? Su soledad e indefensión son totales: un bebé sólo puede vivir por la gracia que recibe. Y esa condición extrema del niño remite a la de los adultos presentes en la Iglesia que aunque nos creamos autosuficientes debemos reconocer que, al igual que el pequeño, vivimos por la gracia de Dios, ya que, a pesar de nuestras faltas y pecados, el Señor ha decidido comprometerse radicalmente con nuestra condición humana.

En ese contexto, la criatura recibirá un nombre. Es interesante observar que en algunas liturgias se incluye la pregunta retórica a los padres: "¿qué nombre dan al niño?" La respuesta es una de esas cosas pequeñas que devienen inmensas. Quien lo presenta pronunciará el nombre que la criatura llevará como marca y por el cual será reconocido por sus pares de allí en más. Esa combinación de un nombre particular con esa determinada persona dará en una entidad irrepetible y constituirá su signo de por vida. Él, y sólo él, será identificado con ese nombre. Dios lo llamará con ese nombre.

En las Iglesias donde el bautismo es de adultos no se debería perder esta simbología del nombre. Podría engañarnos el pensar que el nombre ya le pertenecía al bautizando desde la infancia y que poco tiene que ver en este caso el nombre con su bautismo. Sin embargo, si entendemos que el bautismo es ingresar a una nueva vida y a una nueva relación con Dios, no podemos desconocer que es un momento en el que simbólicamente nos presentan ante él y a partir de entonces el bautizando sabrá que Dios lo llama e identifica con su nombre de pila, aquel por el cual lo conocen quienes lo rodean y aprecian. Hasta ese momento creíamos que Dios no sabía de nuestra existencia, que no le importábamos, y ahora, en el bautismo, descubrimos que siempre Dios nos conoció con ese nombre y que con él nos convoca, que en nuestra ignorancia pensábamos que no contábamos para él y ahora nos damos cuenta de que no fue así. Antes él sabía nuestro nombre, pero la diferencia es que ahora somos nosotros los que sabemos que él nos conoció desde el primer día y experimentamos que esa familiaridad del nombre está también presente en la relación que Dios ha establecido con nuestra vida.

En aquellas Iglesias donde se acepta el bautismo de niños corresponde que nos hagamos la pregunta por la fe del bautizando: si no puede decidir por sí mismo ¿cómo puede ser bautizado? Sabemos que, al comienzo, el bautismo fue un rito de adultos y que en los primeros siglos la Iglesia cristiana comenzó a bautizar bebés. Este paso tuvo que ver con la necesidad de diferenciar la comunidad cristiana del resto de la población romana que adoraba al panteón clásico. Por eso, cada familia bautizaba a sus recién nacidos a fin de asegurar que su niño perteneciera a la comunidad cristiana y también como una forma de testimonio ante una sociedad en la que el cristianismo era muy minoritario.

También, sería un error entender que el bautismo de niños fue una tradición construida sobre un interés secundario (es decir, "asegurarse que de adultos no se hicieran paganos") pues detrás del bautismo de un niño estaba la búsqueda de colocar a la nueva persona en el contexto de la fe de la comunidad donde se bautizaba. Mediante este rito visible se expresaba la fe de los padres y padrinos de que Dios lo recibía en su Iglesia y que la congregación asumía la responsabilidad de educarlo y guiarlo en el camino de la fe. El cambio operado consistió en que al bautismo de creyentes adultos —que se basa en la fe del bautizando— se le agregó el de recién nacidos fundamentado en la fe de la comunidad que lo recibía y en la de sus padres que lo conducirían a la madurez como creyente. Se asume que en el caso del bautismo de niños el sustento del rito no está en la comprensión racional del sacramento, en el sentido de que el bautizando deba *entender* el bautismo al que se somete, sino en la fe de la Iglesia y sus padres, por la cual confían que Dios recibe al recién llegado. De este modo, la persona que será bautizada es considerada como parte de una comunidad mayor y no como un ser aislado.

Si bien en el bautismo es cuando más solos estamos

ante Dios, también es cuando más acompañados estamos. El bautismo se lleva a cabo como parte del culto regular de la Iglesia y no aislado de ella. Por lo tanto, la presencia de la congregación es también un elemento central al bautismo. La congregación no es un espectador del sacramento porque cumple una función que es indelegable en ninguna otra entidad. Como pequeña porción de un todo —el pueblo de Dios— representa a la totalidad (catolicidad) de la Iglesia diseminada por el mundo, y su oración por el bautizando es la oración de toda la Iglesia y de todos los tiempos. Cuando alguien es bautizado no se suma a un fragmento del pueblo de Dios sino que es recibido por la Iglesia universal de Cristo sea cual fuere la denominación en que se bautiza.

El agua y las palabras

Hay un valor simbólico en el agua del bautismo que suele escapársenos. Ya el judaísmo en tiempos de Jesús practicaba los baños rituales que purificaban el cuerpo y hacían apta a la persona ante Dios. Cuando Jesús es bautizado en el río Jordán participa de un rito al que accedían muchas personas en busca de salvación y perdón de sus pecados. Ya que el agua del río corría con cierta fuerza era natural entenderla como que al correr por el cuerpo arrastraba todo lo malo para limpiarnos y restituirnos ante Dios.

Aún más, el estar sumergido somete a la persona a una situación de muerte, a un límite en el cual no es posible la vida, y de allí que permitiera expresar esa convicción de que en el bautismo se obra la muerte a una forma de vida, y al salir victorioso del agua y renovar el aire de los pulmones, se sintiera que se nace a una nueva vida. Muerte y resurrección están presentes en el bautismo. El símbolo del agua, que originalmente fue el de arrastrar a su paso aquello que debía ser extirpado del pecador y dejarlo limpio, devino también en el símbolo del acceso a la vida nueva a la que Dios convocaba al creyente. A tal punto era tan importante esta condición del agua que fluye que, en los numerosos casos en los que por falta de un río cercano el baño ritual se efectuaba en piletas públicas o privadas, era indispensable que antes del rito se vertiera agua traída de un arroyo o río para que transferiera esa condición al agua estancada. La pequeña porción de agua "viva" facultaba a la otra para que pudiera simbólicamente ejercer aquella función de arrastre y purificación.

Junto al agua están las palabras que se dicen en el acto del bautismo: "Yo te bautizo en el nombre del Padre, y del Hijo, y del Espíritu Santo". La conjunción de la fórmula trinitaria y el agua son los elementos que caracterizan el bautismo cristiano y son considerados irremplazables para la correcta administración del sacramento, pero éstas no son las únicas palabras involucradas en el bautismo. Está también la declaración de fe que deben hacer el bautizando, si es adulto, o los padrinos en caso de que se trate de un niño. Sus palabras no son accesorias porque implican la sucesión de la fe que es pasada de una generación a otra de creyentes y la voluntad de que esa fe que es declarada por los mayores sea la misma que ilumine los días de la persona que está siendo incorporada a la familia de la Iglesia.

¿Magia o fe?

Todo sacramento supone una dimensión de misterio. No todo puede ser comprendido racionalmente y tampoco todo debe serlo necesariamente para que podamos disfrutar de él. De hecho, hay muchas cosas que nos conmueven y hacen vivir intensamente y de cuya explicación no podríamos dar cuenta cabalmente. Sin embargo, el bautismo ha sido rodeado, a lo largo de los siglos, de cierto halo particularmente misterioso que puede llegar a confundirse con lo que vulgarmente denominamos magia. ¿Qué sucede si por error las palabras del bautismo no son pronunciadas con exactitud? ¿Qué sucede si quien lo oficia no está autorizado para hacerlo? Estas preguntas conducen a la cuestión de fondo sobre si el rito actúa de por sí en el sentido de que asegura la eficacia de lo anunciado o si, como todo acto llevado a cabo por seres humanos, comparte nuestras ambigüedades y limitaciones.

La afirmación doctrinal que es ampliamente aceptada por todos los cristianos es que el bautismo —y todo sacramento— es un signo exterior y visible de una gracia interior e invisible. El problema se plantea sobre si el signo —que como tal apunta siempre a otra cosa distinta de él mismo— está vinculado de manera mecánica con aquello que significa o si hay una distancia entre el signo y su significado. Dicho de otra manera, si el agua y la fórmula trinitaria *confieren* la gracia de Dios por sí mismas o si éstas *manifiestan* lo que ya Dios ha obrado en la persona que se bautiza. En la tradición católica y ortodoxa la postura es que el rito otorga la gracia y que un error en su fórmula la invalida. Esta postura lleva a la afirmación de que si alguien ejecuta el rito con agua y utilizando las palabras correctas de la fórmula trinitaria el bautismo es válido aunque el oficiante no tenga autorización para hacerlo o incluso si quien lo ejecuta o lo recibe no es un creyente cristiano. Esta comprensión del sacramento presenta una serie de problemas, pero a nuestro entender la dificultad más notoria radica en la situación de que el oficiante del sacramento parece adquirir poder sobre el Espíritu Santo para permitirle o no derramar su gracia en la persona del bautizando.

Al confundir en una sola entidad el rito (el signo visible) con la efectiva acción de Dios (la gracia invisible) sucede que son las palabras de quien lo oficia y sus gestos los que abren o cierran las puertas para que el *acto de Dios* se ejecute. Para la teología evangélica es preciso criticar y prevenir sobre el riesgo de condicionar la libertad del Espíritu y otorgarla sin restricción a la administración pastoral y eclesial. Debemos ser claros en que la presencia del poder de Dios y su gracia no dependen de nuestras palabras ni gestos sino de su libre decisión de acercarse a nosotros.

Debemos también advertir sobre el error en que muchas veces cae la práctica evangélica al considerar el sacramento del bautismo una simple representación. Si no hay en este acto nada más que palabras que el viento se lleva y agua que pronto se evapora porque el verdadero bautismo lo hace el Espíritu Santo y no nosotros, podemos estar a las puertas de minimizar un acto que el Señor nos instruyó administrar con toda seriedad y para la salvación del mundo. El bautismo no es mera mímica pasajera sino un signo y señal que apunta a la muerte y resurrección de Cristo —y a la promesa de la nuestra— quien actuó de una vez y para siempre a favor de todos. Esa acción de Dios es reconocida mediante la fe y expresada a través del bautismo a quienes lo rodean. Es preciso señalar que en perspectiva evangélica la presencia y acción del Espíritu Santo en el acto del bautismo es real y efectiva y la prueba de que es así no debe ser el perfecto recitado de una fórmula, por importante que ésta sea, ya que es el milagro de la fe presente en todos aquellos que comparten el momento del sacramento. El sacramento es válido siempre y cuando sea ejercido en el contexto de una comunidad de verdaderos creyentes que expresen su voluntad de transmitir la fe en el Cristo que los ha salvado.

Bautismo y rebautismo

Queremos señalar dos cosas que se desprenden de esta comprensión. La primera es que no es verdad que quienes mueran sin ser bautizados quedan fuera de la gracia de Dios o que no podrán acceder a los beneficios de su amor. De allí que cuando corre peligro la vida de un recién nacido se suele recurrir a bautismos apresurados a fin de evitarle tal tragedia en su vida. En este sentido, es preciso recordar que la gracia y bendición de Dios sobre los niños no dependen de un rito ni de nuestros tiempos porque él ha dado sobradas pruebas de que su bondad y generosidad exceden toda limitación humana.

En esos casos, el bautismo sin duda es válido en la medida que manifiesta la fe de los padres y expresa su voluntad de que el Señor que le dio vida al recién nacido lo reciba en su plenitud como un hijo o hija suyo. También debe entenderse como un acto de gratitud de los padres por esa pequeña vida que no llegó a desarrollarse como se esperaba, pero que ha cumplido un papel en el plan de Dios para todos aquellos que la rodean, incluso la de ellos mismos, pero su ausencia no lo excluye de ninguna manera del amor de Dios ni de su gracia infinita.

La segunda observación tiene que ver con la práctica de rebautizar. En general, las Iglesias que consideran necesario rebautizar a quienes manifiestan una experiencia nueva de encuentro con Dios fundamentan tal postura teológica en entender como inválido el primer bautismo. Esta invalidez suele estar dada o por la falta de una "experiencia personal" en aquel momento —por haber sido bautizado de niño— o por el hecho de que fue ejercido en una denominación con la cual no se comparte una misma comprensión de la fe y la práctica cristiana. Es para nosotros evidente que la intención de rebautizar es noble y sincera y se puede también entender como una crítica radical del modelo constantiniano de la Iglesia medieval por el cual se asimilaba ciudadanía secular a pertenencia a la Iglesia. Hoy ese modelo persiste —aunque atenuado— en países donde se asume que nacer en ellos implica necesariamente pertenecer a una determinada Iglesia y donde la fe cristiana se ha adosado a una cultura particular a veces hasta confundirse con formas meramente sociales y pasajeras; pero aún reconociendo el valor de esta crítica de la fe como cultura —crítica que compartimos y que consideramos que debe ser preservada y alentada— pensamos que la práctica del rebautismo adolece en parte de la misma limitación que señalamos de la comprensión católica y ortodoxa.

Se piensa que porque algo en el rito no fue hecho en forma correcta el bautismo no se concretó y por lo tanto hay que volver a bautizar a la persona. A diferencia de aquellas Iglesias, para las tradiciones que rebautizan lo que no se hizo correctamente no es relativo al uso adecuado del agua ni a las palabras de la fórmula bautismal sino a la supuesta fe imperfecta del bautizando, los asistentes o el contexto doctrinal de la iglesia oficiante. Nosotros estamos convencidos de que es preciso detenernos en esta actitud de algunas ramas de nuestra tradición evangélica.

Si observamos detenidamente un bautismo en casi cualquier Iglesia, constataremos que cuando un ministro de una denominación cristiana efectúa un bautismo no lo hace en referencia a sus autoridades eclesiales ni invocando el poder de su particular doctrina. El sacramento del bautismo se hace en todas las iglesias en el marco de la doctrina trinitaria y recurriendo al símbolo del agua que arrastra y quita aquello que nos aleja de Dios. Siendo así efectuado, no debería rechazarse un bautismo aun cuando el marco doctrinal no nos sea convincente. No reconocer ese bautismo como válido implica desconocer la libertad del Espíritu Santo que bendice y otorga su gracia más allá de las fórmulas y gestos que cualquier denominación acostumbre a realizar y de la particular comprensión doctrinaria que cada tradición tenga de lo que en ese acto está realmente sucediendo.

El segundo argumento relativo a la imposibilidad del bautizando de manifestar su fe es también serio y debe tenerse en cuenta. La experiencia personal de reconocer a Cristo como salvador propio y del mundo es innegablemente un ingrediente central de la fe de cada creyente, pero reconocer esa dimensión no puede llevarnos a anular todas las otras experiencias de fe también personales que estuvieron presentes en el bautismo y que son parte indispensable del sacramento. Cuando el oficiante, los padrinos y la congregación oraron, cantaron y celebraron la gloria de Dios, en aquel bautismo no estaban haciendo algo sin sentido ni invocando a un Dios que desconocían; por el contrario, estaban pidiendo la dirección del Señor para la vida de ese niño; y si la nueva experiencia adulta del creyente es profunda y renovadora, debe ser entendida como una respuesta a los deseos y oraciones que expresaron hace ya tal vez mucho tiempo aquellos hermanos y hermanas sobre aquel pequeño niño. Ante una nueva y renovadora experiencia de fe, más que un nuevo bautismo lo que debe hacerse es algo mucho más rico y desafiante para la fe del creyente: dar gracias a Dios por la fe de aquellos que lo llevaron a la Iglesia y derramaron sobre él o ella la bendición del agua. El testimonio de aquellos hermanos —muchos quizás desconocidos o ya olvidados— debe entenderse como el vínculo con la Iglesia de Cristo de ayer y de siempre que hoy se manifiesta en esta nueva experiencia en el camino de la fe. La nueva experiencia de un renovado encuentro con Dios es continuación y consecuencia de aquel bautismo, y no su negación.

10. LA MESA DEL SEÑOR (¿QUIÉNES SOMOS?)

El sacramento de la mesa del Señor es el acto máximo de comunión. En ese momento Dios comunica su fuerza y su presencia a quien lo recibe, y al hacerlo ofrece la certeza de su compañía en toda circunstancia. Dios invita al creyente a recibir el pan y el vino y en ese acto lo reafirma en la fe en el Cristo que siempre está y estará junto a él. Hay también una dimensión escatológica en la Mesa, significada en el hecho de que el Señor nos alimenta de modo esencial. En el mundo de ayer y de hoy, donde el hambre no ha dejado de ser un flagelo para millones de hijos e hijas de Dios, el Señor ha optado por revelarse ante nosotros en el contexto de una comida, en acto de repartir el pan puesto en la mesa, ese pan que el mundo niega con suma crueldad. Y todo esto se produce en un contexto muy particular: es una mesa compartida con otros y es una invitación que se repite.

La mesa ancha

A diferencia del bautismo donde estamos solos ante Dios y donde se nos identifica con un nombre particular que nos diferenciará del resto de las personas, en el sacramento de la comunión estamos juntos con los demás hermanos y hermanas de la Iglesia en un pie de igualdad.

Así como cuando nos invitan a una fiesta en forma personal sabemos que en ella nos encontraremos con otras personas con las que juntos compartiremos la reunión, del mismo modo debemos entender la invitación de Dios a su cena: somos llamados por nuestro nombre en forma personal; pero la fiesta no es exclusiva para nosotros sino que en ella nos encontraremos con otros. De allí que la cena del Señor es un rito en el cual los creyentes se reúnen convocados por Cristo para participar del gesto mayor de comunión con él y con su Iglesia.

Hay dos ámbitos presentes en la comunión que se nutren mutuamente y que no pueden excluirse sin invalidar el gesto. Por un lado, la mesa nos une con Cristo y su evangelio. Es la dimensión de la mesa por la cual recibimos la confirmación de que sea lo que fuere que pueda ocurrirnos el Señor estará con nosotros. Esta afirmación central de la fe se hace en el contexto de evocar la noche amarga de la última cena en la cual se dieron todos los elementos más trágicos de la vida de Jesús: la inminencia del sufrimiento, el anuncio de la muerte, y —lo que es peor— la traición de un amigo. La cena del Señor es fundamentalmente el recuerdo de la crucifixión que tiene como un ingrediente esencial la traición de uno de sus discípulos; y, por contraste, la afirmación de que Jesús nunca y bajo ninguna circunstancia ha de traicionarnos a nosotros. Si Judas actuó en representación de muchos que ayer y hoy traicionan y niegan a Jesús, de modo inverso, la actitud del Hijo de Dios fue la de comprometerse radicalmente a favor de nuestra vida incluso de la de aquel que lo estaba entregando en manos de sus asesinos. Asimismo, la mesa del Señor es el lugar donde percibimos con más nitidez la distancia entre nuestros pecados y su santidad, entre nuestros engaños y su transparencia, y entre nuestra mezquindad y su inmenso y gratuito amor.

La invitación a participar de su mesa no es sólo un espejo donde enfrentamos nuestras bajezas y nos descubrimos en nuestros errores. La mesa es principalmente el lugar donde recibimos la gracia de saber que el Señor nos perdona y nos vuelve a considerar sus amigos. En ese momento resuena con toda su energía la buena noticia de la salvación y de que Dios se ha acordado de nosotros y tiene un plan para cada vida. Allí descubrimos que, por triste que haya sido nuestra conducta y por profundo que hayamos caído y nos hayamos alejado de Dios, él nos va a buscar al lugar más oscuro y nos dice que nuestros pecados son perdonados y que nos quiere plenos, trabajando por su reino y siendo sus colaboradores en su misión. La mesa del Señor es ancha porque en ella hay lugar para todos aquellos que acepten la invitación. Es interesante observar que en las narraciones de los evangelios se nos muestra a Jesús compartiendo su mesa con discípulos que estaban bastante confundidos. No entienden sus palabras ni creen que puedan traicionarlo, pero luego discuten entre sí sobre quién sería el traidor y quién será el sucesor de Jesús. De modo que, si buscamos santidad, no la vamos a encontrar ese día en la vida de estas personas sino más bien todo lo contrario, lo cual nos debe hacer pensar sobre cuán parecidos a nosotros fueron los discípulos en aquel momento.

Hay una segunda dimensión en la cena del Señor y tiene que ver con la unidad que crea y reclama de los hermanos y hermanas. La mesa es la celebración de la comunidad que, reunida en torno a los elementos, se siente unida entre sí y por extensión con toda la Iglesia de Cristo de todos los tiempos y en todo lugar. La palabra "comunión" significa estar comunicado y en la cena refiere a la comunión con Dios y a la vez con la comunidad de fe sin que ambas dimensiones puedan disociarse. De allí que la cena sea la celebración en la cual la Iglesia se muestra en su grado de mayor esplendor y compromiso, pero sería un error considerar que esa unión con Dios y la Iglesia es producto de nuestra actitud al acercarnos a los elementos. Por el contrario, es Cristo mismo quien desde ese lugar está obrando la unidad entre los creyentes, ya que no se basa en nuestras debilidades sino que, por la fortaleza de él, se desarrolla su Palabra entre nosotros. En la mesa es creada la unidad de lo disímil porque en ella somos cada uno respetados en nuestra individualidad, y simultáneamente se nos une con aquellos con quienes nuestra naturaleza humana nos llevaría a segregarnos por ser distintos. De allí que acercarnos a compartir la cena del Señor conduce a la unidad de la Iglesia en el pequeño círculo reunido y además a vincularnos con todos aquellos que en distintos idiomas, culturas, tiempos y aproximaciones doctrinales también aceptan y han aceptado a lo largo de los siglos la invitación de Dios; pero es preciso señalar que la unidad a la cual la mesa nos convoca también va más allá de los límites de la Iglesia universal para llegar a ser un adelanto del encuentro de toda la creación en la persona de Cristo para la redención del mundo. En ese momento, no sólo el pasado es evocado sino que también es anunciado el encuentro pleno de todos en el Señor, la comida final donde ya no habrá más sed ni hambre y donde ya no veremos parcialmente porque nos encontraremos cara a cara con la realidad última. Ser recibidos por Dios en su mesa abre la vista de nuestros ojos ciegos a su acción en nuestra vida, en la vida de los demás y en el mundo, de modo que una vez que hemos gustado de esa comida no podremos ya desconocer su amor y generosidad.

 En comprensible que ante tal revelación la respuesta del creyente sea de gratitud. La palabra "eucaristía" —el término griego con el que se denomina la comunión en los evangelios— significa "acción de gracias". Agradecemos el sacrificio de Cristo en la cruz que nos ha traído salvación y que nos la ofrece gratuitamente. Así como nada hemos hecho para merecerlo, tampoco nada podrá vencer la fuerza del amor derramado aquel día de la muerte en la cruz. Un dolor y una muerte de tal magnitud física y espiritual que ya nunca más es necesario volver a padecerlas.

Cristo está presente ¿pero cómo?

Las distintas tradiciones cristianas no se han puesto de acuerdo sobre la densidad del sacramento de la cena del Señor. Para la comprensión católica, en el acto de la eucaristía se obra el misterio de la transustanciación por el cual el pan y el vino se transforman en el verdadero cuerpo y sangre de Cristo. Obviamente, es una afirmación dogmática y no una realidad física —pues el sabor y la textura no corresponden sino a pan y vino— pero lo que interesa de esta comprensión es la pregunta que busca responder: ¿está en verdad Cristo en esos elementos? O dicho de otro modo, ¿de que manera se hace presente Cristo en medio de la comunidad que comparte la mesa por él servida? Mientras que las preguntas son fundamentales y merecen toda nuestra atención, la doctrina de la transustanciación no parece hacer justicia a la totalidad del acontecimiento del sacramento.

Veámoslo desde esta perspectiva. Una cuestión abierta tiene que ver con la comprensión de las palabras de Jesús "haced esto en memoria de mí". Cuando se rememora algo, ¿se lo actualiza o se lo evoca como recuerdo? Cierta tradición comprendió que, si la eucaristía era *sólo* recuerdo de hechos pasados, su valor disminuía a tal punto que no podría hablarse de presencia real de Cristo en el sacramento y, si no hay presencia real, el rito pierde valor. Así se desarrolló el concepto de que cada vez que se efectuaba el sacramento de la mesa del Señor se actualizaba el sacrificio original y Cristo volvía a ser entregado y muerto por nuestros pecados. De ese modo, cada vez que el pan era partido y la copa bebida, la carne de Cristo vuelve a sufrir y la sangre a ser derramada, y la presencia real del Señor queda sellada por ese acto en medio de la comunidad de la Iglesia. Hay dos elementos que esta doctrina no considera en su dimensión correcta.

El primero es que insistir en la repetición del sacrificio minimiza el sacrificio real de Cristo sufrido en un lugar —la ciudad de Jerusalén— y en un tiempo determinado —en torno al año 33—. Aquel sufrimiento y la muerte no fueron físicamente distintos de tantos otros —por ejemplo, los dos delincuentes a sus lados en el Gólgota sufrieron y murieron igual que él—, pero lo que lo hizo distinto es la dimensión salvífica y la extensión cósmica que ninguna otra muerte tuvo. En aquel minuto las fuerzas de la historia se concentraron en el cuerpo del que moría por los demás y del que cargaba en su muerte los pecados ajenos. La acción de Dios en Cristo fue total y sin resto y si así no fuera lo hubiera declarado con nitidez. Volver a vivir el sacrificio es considerar que aquel sacrificio real e histórico —no un sacrificio en pan y vino transustanciados sino en carne y sangre que lo fueron por naturaleza propia— no alcanzó ni fue suficiente para nuestra salvación.

En segundo lugar, hay una dimensión trinitaria que no parece estar bien representada en la insistencia en la repetición del sacrificio en cada eucaristía. La experiencia y el testimonio de la Iglesia a lo largo de los siglos es que a la muerte y resurrección del Hijo le sigue la presencia salvífica del Espíritu Santo. La Iglesia vive gracias a la presencia del Espíritu que *continúa* actuando en la vida y la historia, más allá de la cruz, y provocando nuevas revelaciones y desafíos a la Iglesia. En la economía trinitaria la acción del Espíritu es siempre una apertura a lo nuevo en la historia posterior al sacrificio de Cristo en la cruz, pero no se hace en detrimento de lo sucedido en aquel día "en la ciudad de Jerusalén en torno al año 33" —como si fuera necesario que el Espíritu Santo hiciera "algo más" para completar aquel sacrificio— sino que su acción salvífica se hace en constante referencia a aquel hecho que lo reconoce como central y pleno y como fundamento de su acción. La plenitud de la muerte y la resurrección de Cristo son evocadas cada vez que el Espíritu obra como memoria de ese sacrificio total y es lo que hace que no sea necesario volver a clavar a Jesús en la cruz ni que repita su resurrección.

Hay también un problema en cierta comprensión evangélica de la mesa del Señor. En ocasiones se ha dicho que el pan y el vino expresan simbólicamente la presencia de Cristo y que la Cena de la que participamos es en recuerdo del sacrificio del Señor, pero como un acto separado de su realidad física y espiritual. Dicho llanamente: el Señor no está en ese pan y ese vino; son solo elementos para recordarlo tal como lo pidió en la última cena ante sus discípulos. Hay en esta actitud una incomprensión de la naturaleza del sacramento que nos conduce a perder parte de la dimensión trascendente e incluso escatológica de lo que sucede en la eucaristía. A nuestro criterio es importante entender que Cristo está en forma real en ese pan y ese vino que compartimos en el contexto de la comunión cristiana. Lo está para los ojos de la fe que pueden ver lo invisible y, sin duda, no para los de la razón o la mera especulación intelectual cuando pretenden dar cuenta de la totalidad de la experiencia humana. Si es natural que reconozcamos la presencia de Dios en actos humanos de amor y solidaridad, en el círculo de oración donde compartimos alegrías y pesares, en la belleza deslumbrante de la creación, en la armonía de los astros o en el rostro del que está cansado y hambriento, ¿por qué no reconocerlo en el pan y el vino sobre el que pedimos su bendición y del cual se nos dijo "éste es mi cuerpo" y "ésta es mi sangre". Cuando Cristo mismo expresó esas palabras en la última cena, obviamente estaba refiriéndose a su propio cuerpo presente en ese momento delante de sus discípulos y no al pan y al vino como tales. Estos elementos devenían referentes privilegiados de su vida, elegidos por él. En consecuencia, Cristo está en esos elementos de la cena en forma tan real y verdadera como lo está en tantos otros lugares donde reconocemos la obra de sus manos y su presencia. Lo que debe prevenirnos aún más de cierta desconfianza a ver la presencia real de Cristo en la mesa es recordar que él mismo ha elegido esos elementos —y no otros— para que en ellos lo descubramos explícitamente. Él está en muchos lugares, quizás podemos decir que en todos los lugares, pero dispuso del pan y del vino de la cena para que particularmente nos encontremos con él.

El pan y el vino

No deberíamos dejar de meditar en la elección de Jesús. Había otros elementos mucho más inmaculados que el pan y el vino para que pudiéramos evocarlo. Las nubes, las montañas y el firmamento están libres de toda intervención humana y son pura obra de Dios. La multitud de estrellas y los lirios del campo fueron motivo de observación y ejemplo en las Escrituras y serían candidatos más prestigiosos que los elegidos. La solidez de una piedra o las profundidades misteriosas del mar podrían correr con mejor suerte, pero el Señor eligió pan y vino. ¿Qué hay en ellos que los hizo llegar a tal posición en la comunicación del evangelio? Creemos que meditar en esto nos ayudará a entender el sentido profundo del sacramento y a entender mejor quién es el Dios que nos invita a su mesa.

El pan y el vino son obra de manos humanas. Se requiere desde el sembrador y el molinero hasta las manos que amasan y luego cuidan el tiempo del horno. Lo mismo decimos del vino: el trabajo del viñador y la laboriosidad del lagar deben combinarse para que el mosto devenga en buen vino, en obra de artesanos. En el pan y en el vino hay manos de mujeres y varones; hay jornadas pesadas de trabajo y está la alegría de la buena cosecha. Son manos anónimas: son manos de creyentes y de incrédulos, de enamorados y de infieles; las hay honestas y las hay tramposas. Pueden ser las manos soñadoras que anhelan los cambios o las del desesperado que ya nada espera. La mano del que ha perdido la capacidad de imaginar o la mano generosa. Las manos que hicieron el pan y el vino de la mesa del Señor no son manos santas ni son las mejores; pueden ser las más expertas o las más torpes, las más bellas o las deformadas por el tiempo y la vida. Jesús lo quiso así. Porque el pan y el vino de la mesa son casi otra forma de encarnación, allí podemos vislumbrar el Jesús metido en nuestra historia hasta lo más profundo y hasta lo más oscuro. Esos elementos representan todo lo que somos y nos hacen ver cómo por su gracia él transforma ese desordenado tejido humano en pan de bendición y en vino de vida abundante.

Si en la mesa devenimos Iglesia de Cristo, es también porque para llegar al pan fue necesario que una multitud de granos de trigo dejaran de serlo para ceder su fuerza y combinarse con el agua y la levadura. Del mismo modo sucedió con las uvas que entregaron el sumo y devinieron en vino. Ya no son granos ni uvas sino pan y vino. Así, varones y mujeres, por la gracia de Dios y su poder transformador, devienen en Iglesia de Cristo. Ya no son los mismos porque han sido llevados a una nueva realidad que los transforma en signo de la salvación a la que el Señor invita a todos.

11. Proclamar la Palabra: ¿el tercer sacramento?

La palabra sacramento significa misterio y se la aplica a determinados ritos en los que la Iglesia da testimonio de que la gracia de Dios es dada a las personas. Se asume que hay algo en los actos de Dios que nuestro entendimiento no llega a comprender cabalmente, pero que a los ojos de la fe se pueden percibir con claridad. En este contexto, un sacramento no es misterioso en el sentido de que sea algo inaccesible a la razón sino en el hecho de que su significado pleno excede nuestras facultades y se extiende en el tiempo y el espacio más allá de lo que nosotros podemos asimilar. Por ejemplo, entendemos el amor de Dios, pero la extensión de ese amor escapa a los límites de nuestro conocimiento. Sabemos y entendemos el sacrificio del Señor, pero sus consecuencias salvíficas sobrepasan nuestra capacidad humana y nuestra imaginación.

En la tradición católica se cuentan siete sacramentos; en la ortodoxa no se determina el número sino que hay una lista abierta de sacramentos y en la tradición evangélica se consideran dos: el bautismo y la santa cena. Además, en todas las tradiciones se acepta que hay otros actos o prácticas a los que se les reconoce carácter sacramental más allá de los sacramentos establecidos por cada Iglesia. Con ello se quiere decir que se los reconoce como un espacio privilegiado de encuentro con Dios sin que por ello se niegue a otros momentos de la vida un valor similar. En nuestra tradición evangélica puede considerarse que la práctica de la oración personal y comunitaria participa de ese carácter sacramental. Lo mismo puede decirse del culto de la comunidad o del estudio de la Palabra.

Más difícil para nosotros —no así para las tradiciones católicas y ortodoxas— es hablar de la Iglesia como sacramento. En esa combinación de entidad que está entre dos dimensiones donde lo humano se encuentra con lo divino, la comprensión evangélica tiende a enfatizar el elemento humano de la Iglesia —y por lo tanto su aspecto en proceso de *llegar a ser* la Iglesia que el Señor espera que sea— mientras que las otras tradiciones prefieren enfatizar en la Iglesia su aspecto de ser creación de Dios —el cuerpo de Cristo— y, por lo tanto, se inclinan más a destacar lo que la Iglesia *ya es*. En la conocida expresión sobre que la realidad del Reino está entre nosotros "ya, pero todavía no", al aplicarla a la Iglesia, los evangélicos enfatizamos el "todavía no" y la teología católica y ortodoxa el "ya".

Sin embargo, hay un "ya" evangélico en el que deseamos detenernos en este capítulo y que bien podría considerarse un acto con carácter sacramental. Nos referimos a la proclamación de la Palabra. Uno de los descubrimientos de la Reforma del siglo XVI de la que, en sentido amplio, es hijo el movimiento evangélico, es la centralidad de la Palabra para la vida y testimonio del creyente y de la Iglesia. Lo que llamamos "palabra" tiene dos acepciones en nuestro discurso, siendo una la que refiere a las Escrituras y la otra la que refiere a Cristo mismo (el *"logos"* en la lengua griega del Nuevo Testamento). Así, proclamar la Palabra es tanto dar a conocer las sagradas Escrituras como anunciar a Cristo como salvador y Señor del mundo; sin embargo, debemos evitar un uso ambiguo o indebido del término y establecer claramente que la Iglesia se constituye bajo el señorío de Cristo (la Palabra, el *logos*) al cual conocemos a través de las Escrituras (la "palabra" de Dios, a veces escrita con minúscula para distinguirlas, aunque aquí preferimos el uso de la mayúscula). De modo que predicamos a Jesús el Cristo tal como lo presentan y testimonian los textos bíblicos. Es importante tener esto presente pues por nuestra formación teológica y herencia doctrinal evangélica existe siempre la tentación de confundir la Biblia con Cristo mismo y así derivar en una suerte de "bibliolatría". Si se confunde la palabra (las Escrituras) con la Palabra (Cristo), se pierde de vista el motivo central de la existencia de la Iglesia.

Así dice el Señor

La expresión "así dice el Señor" resuena una y otra vez en los libros proféticos del Antiguo Testamento. Cuando un profeta quería confrontar al pueblo con el mensaje directo de Dios y a la vez provocar una respuesta, introducía o finalizaba su discurso con esta frase. Con el mismo sentido podía utilizar "oráculo del Señor" u "oráculo de Yahvé (o Jehová)" ¿Cuál es el sentido de estas expresiones?

En los textos proféticos encontramos una amplia variedad de formas y géneros literarios, y todos tienen como fin transmitir un particular mensaje de Dios al pueblo. Cuando se utiliza la expresión "así dice el Señor" o "oráculo de..." se trata de señalarle al oyente que lo que se está anunciando es la Palabra de Dios misma para su situación y vida. Es un modo de advertirle que debe prestar especial atención porque ese mensaje es fundamental para su presente y futuro. Hay en los textos proféticos distintas metas: mientras unos introducen una palabra de condena y castigo, otros se proponen anunciar la inminente salvación y bendición que se derramará sobre el pueblo. Es preciso recordar que aquellos textos que identificamos como de condena, en el fondo, tienen la intención de salvar al que está alejado de la voluntad de Dios a través de llamarlo a la reflexión. De modo que, en última instancia, todos los textos son de salvación si por ello entendemos que cuando nos señalan los errores y pecados se nos está rescatando de continuar hundiéndonos en ellos.

En el Nuevo Testamento no tenemos una expresión equivalente, probablemente porque la persona de Jesús era ya de por sí la Palabra misma. Cada versículo de los evangelios anuncia una "Palabra de Dios para su situación y vida" y por lo tanto no es necesario señalarlo explícitamente. Aun así hay expresiones tales como "oísteis que fue dicho... *más yo os digo*" (Mateo 5), o "y les enseñaba *por parábolas* muchas cosas..." (Marcos 4:2), o "después que hubo terminado *todas sus palabras...*" (Lucas 7:1), que parecen distinguir entre conversaciones casuales y momentos en los cuales el Señor transmitía una enseñanza específica y para la cual se exigía especial atención. De modo que aun en la práctica de Jesús encontramos que ciertos momentos y ciertas palabras estaban destinados a ser recibidos con especial atención y así fue que las narraciones de los evangelios las destacaron y señalaron explícitamente. Podríamos decir que tanto la literatura profética como los evangelios saben distinguir del discurso general aquel momento en que la Palabra es anunciada con énfasis particular. Siendo así no debe extrañarnos que seamos llamados hoy a reproducir esa actitud y que en la práctica de la Iglesia esto se haga realidad en el acto concreto de lo que llamamos proclamación de la Palabra. En el acto de predicar y anunciar la Palabra, la Iglesia está señalando que eso es lo central de su mensaje y que en lugar de plata y oro está entregando aquello más valioso que posee y que le ha sido dado como un tesoro que se comporta de manera extraña: disminuye cuanto más se mezquina y aumenta cuanto más se lo comparte.

Predicar la Palabra

La dimensión sacramental de la proclamación de la Palabra se debe expresar en toda la vida de la Iglesia y encuentra su lugar de máxima nitidez en la predicación. Cuando quien predica se dirige a la congregación debe ser consciente de que está siendo utilizado por el Espíritu Santo para proclamar la buena noticia de Dios y para invitar a la fe a quienes se acercan a oír su predicación. Una vez más el Señor utiliza varones y mujeres para que a través de su voz sea presentado un mensaje que trasciende nuestra habilidad y expresa la voluntad de Dios —no la nuestra— para quienes lo oigan. Es nuevamente el misterio ("sacramento") de saber que somos utilizados para algo superior a nosotros y de lo cual no podemos apropiarnos sino que sólo actuamos de voceros de lo alto. El predicador debe hacer todo lo que está a su alcance para hacer del púlpito el espacio privilegiado para comunicar aquello que el Señor tiene que decir a su pueblo y a la vez para desafiar a todos —incluso a quienes no colocan la fe en el centro de sus vidas— a que se confronten con el mensaje de salvación. Siendo que reconocemos que la predicación es un espacio sacramental, es llamativo que hayamos reflexionado poco sobre su práctica y contenido. Hay ciertos elementos que hacen que ese espacio adquiera tal dimensión. Veamos algunos de ellos teniendo en cuenta que esta lista no es exhaustiva y busca introducirnos a una reflexión que deberá extenderse y profundizarse más allá de estas líneas.

Dos elementos deben evitarse en la predicación. El primero es la tentación de que la Iglesia se predique a sí misma. Esto tiene dos aspectos: cuando la predicación enfatiza las bondades de la Iglesia y la pone como ejemplo ante el mundo, y —este aspecto es de observación más fina— cuando la predicación se torna eclesiocéntrica, es decir, coloca a la Iglesia en el lugar que debe ocupar Cristo mismo, la Palabra. No consideramos necesario comentar el primer aspecto porque su incompatibilidad con el evangelio resulta obvia. El segundo aspecto es más sutil y merece que nos detengamos en él. Toda predicación debe recordar que la comunidad de fe es instrumental al Reino y a la Palabra y de ninguna manera un fin en sí misma. De allí que reconozcamos que la Iglesia vive en la expectativa de ser transformada y así llegar a ser la Iglesia definitiva que el Señor quiere que sea; pero mientras tanto eso no suceda, el referente que le da vida y sentido es la presencia y sostén permanentes del Espíritu. De modo que la proclamación debe estar siempre dirigida a presentar al Cristo que nos ha dejado su Espíritu para que nos acompañe en este tiempo y el que no dejará de acompañar a su Iglesia así como de corregirla de errores y caídas. Recordar que la Iglesia es un espacio creado por Dios para el anuncio de su Palabra debe prevenirnos de confundir el espacio con el contenido y así evitar el riesgo de vaciarla de todo valor. Podría pensarse que éste es un riesgo más afín a la comprensión católica que a la protestante —y sin duda que hay razones para pensar de ese modo—, pero en la práctica evangélica también existe la tentación de considerar que la comunidad de la que formamos parte es la Iglesia plena y definitiva sin que sintamos la necesidad de entendernos como parte de ese cuerpo mayor que Cristo promueve y que constituye su pueblo diseminado por el mundo.

El segundo elemento que se debe evitar es que quien predica considere que el contenido de su predicación debe consistir en lo que él o ella piense sobre un determinado texto bíblico. El espacio del púlpito no es una tribuna de exposición de nuestras propias ideas, gustos e inclinaciones sobre el texto que tenemos delante. La predicación no debe transformarse en un discurso en el cual se pongan a prueba las últimas novedades teológicas. Resulta obvio y razonable que toda predicación se construya sobre el pensamiento y la experiencia del predicador, pero esto no debe producir la pérdida del centro de toda proclamación que es presentar la buena noticia de Dios a las personas. No se está allí para demostrar nuestra sabiduría ni para hacer alarde de buen lector de lo último en teología, por excelentes que esas obras sean. La predicación debe tener en cuenta tanto el texto que debe ser predicado como el contexto de la comunidad a la que se dirige, y esta última en su doble dimensión de la comunidad en sí misma y del mundo en el cual esa comunidad vive y desarrolla su ministerio. Así, el pensamiento del predicador debe ir atravesando sucesivos estadios que moldearán su mensaje de acuerdo con las necesidades materiales y espirituales de la comunidad receptora de sus palabras. Son muchos los caminos en los que las personas se hallan y muchas las necesidades del pueblo de Dios y del mundo, pero lo que allí se diga será el producto de un largo proceso de reflexión en el cual deberá resplandecer la Palabra como punto de llegada de todo camino. El predicador puede desconocer cuál es el punto de partida de cada oyente, pero debe saber cuál es el punto de llegada al que su palabra lo debe conducir.

Debemos también hablar del acto sacramental de la proclamación de la Palabra en un sentido positivo. En este breve espacio deseamos destacar otros tres elementos. El primero es que toda predicación debe colocarse ella misma bajo el juicio de Dios y estar dispuesta a dejarse imbuir de la Palabra misma. Será una palabra humilde, consciente de que es vehículo de algo superior a ella, y que su función es ser buena sal para que sale como se espera de ella y nosotros debemos ser los mejores administradores de los bienes del Señor para que se multipliquen. Así "la proclamación de la Palabra" deberá ser consciente de la distinción entre los dos términos de la frase "la proclamación" y "la Palabra". Lo primero es lo que nos toca a nosotros y en lo que se juega nuestra disposición a ponernos en las manos de Dios para ser instrumentos suyos de acuerdo con su voluntad. Las herramientas son los dones concedidos y el reconocimiento de la Iglesia que nos permite dirigirnos a ella y al mundo, en la confianza de que seremos —aun dentro de las limitaciones humanas— fieles intérpretes del mensaje. La segunda parte de la expresión será el referente, el contenido final y la meta del discurso. La proclamación debe ser principalmente expositiva de lo que el texto bíblico dice y busca transmitir. Nada tenemos que agregar a la Palabra para que sea eficaz o para que cumpla con su fin de ofrecer salvación y vida abundante a todos. Todo esfuerzo por mejorar su imagen o por adaptarla a lo que, a nuestro criterio, es una forma mejor y más afín a nuestro tiempo corre el gravísimo riesgo de hacer de ella un objeto a nuestro gusto y demanda y, por lo tanto, desnaturalizarla. La Palabra no es siempre la palabra que queremos sino la que ella misma quiere ser.

El segundo elemento se puede formular con esta pregunta: ¿con qué autoridad quien predica proclama la Palabra? Ésta no es una pregunta sencilla pues la dimensión humana de la proclamación no se anula y, sin embargo, estamos siendo transmisores de algo que no nos pertenece porque pertenece a Dios. A nuestro criterio, la autoridad para predicar no debe emanar de nosotros mismos ni tampoco surge de la Iglesia. Ésta cumple su tarea al reconocer en el predicador un vocero de Dios y un intérprete idóneo para su tiempo, y se expresa —aunque no exclusivamente— en la ordenación para el ministerio de la palabra y los sacramentos, pero la autoridad para predicar no es un certificado previo al acto mismo de la proclamación que alguien pueda ostentar y poseer en forma regular y que otorgue el poder inefable de interpretar las Escrituras. A nuestro entender, la autoridad del predicador consiste en la fuerza del mensaje que proclama y es una parte esencial del momento sacramental en la cual la Palabra se autoriza a sí misma al ser anunciada y presentada al mundo. Así, el respaldo de la predicación es su contenido mismo y no hay ninguna institución ni carisma personal que pueda reemplazar esa condición de ser Palabra viva que se revela a sí misma y muestra su eficacia en la capacidad de cambiar la vida de quien la recibe.

El último elemento que deseamos comentar es quizás una de las marcas del protestantismo y del movimiento evangélico. Nos referimos a la confrontación del oyente con el Cristo crucificado y resucitado. La Palabra se anuncia en sentido positivo, como una invitación a dejarse transformar por esa realidad que irrumpe en la persona. Es el reconocimiento de que la gracia abunda allí donde la Palabra es proclamada y aceptada, y es el íntimo convencimiento de que allí donde aún no ha germinado, la semilla duerme a la espera de un mejor momento. Es ese encuentro con Jesús el que da sentido a la predicación y constituye a la Iglesia como tal. Cuando decimos desde el púlpito "ésta es la Palabra de Dios", no estamos utilizando una frase ornamental sino anunciando —esperamos que con temor y temblor, pero con firmeza— que el Señor está en medio de nosotros y tiene algo que decirnos.

12. ¿DE QUÉ NOS SALVA CRISTO?

La Iglesia proclama a Cristo como salvador y redentor del mundo. Anuncia que Él vino para que "todo aquel que en él crea no se pierda" (Juan 3:16). Dice que "Cristo Jesús vino al mundo para salvar a los pecadores" (1 Timoteo 1:15); y agrega "agradó a Dios salvar a los creyentes a través de la predicación" (1 Corintios 1:21). Los textos podrían multiplicarse y todos coincidirán en la afirmación central de que Cristo trae salvación a las personas y la creación. ¿Qué significa esto?

Resulta obvio que hablar de salvar y redimir algo o a alguien supone que su situación es tal que necesita de esa redención. Sólo se puede salvar lo que está perdido o redimir lo que está deteriorado, pero mientras esa forma de expresarse es clara y nítida cuando nos referimos a realidades cotidianas (salvar la tripulación de un naufragio, reconstruir una casa en ruinas, salvar una amistad quebrada por ciertas circunstancias, restaurar una obra de arte en peligro de descomponerse, etc.) debemos preguntarnos qué sentido tiene en los evangelios cuando se aplica a la vida de las personas. La pregunta es crucial porque tiene que ver con el referente concreto del mensaje que la Iglesia anuncia y que da sentido a su existencia. Si no podemos responder a esta pregunta, todo nuestro discurso corre el riesgo de quedar en el vacío.

Es habitual en nuestras iglesias que nos alegremos cuando hermanos y hermanas dan testimonio de los efectos benéficos de haber aceptado la fe en Cristo para sus vidas. Hay experiencias muy variadas y en ciertos casos se narran historias terribles de alcoholismo, drogadicción, malos tratos familiares o abandono de niños, todos ellos superados por la nueva vida iniciada a partir del conocimiento de Cristo y de la aplicación de la ética del evangelio. El mensaje de salvación en esos casos es claro y nítido y se aplica a situaciones de evidente deterioro de la vida y de las más elementales relaciones sociales.

En la Carta a los Romanos (5:20) se nos dice que allí donde abundó el pecado también abundó la gracia, señalándonos que a mayor alejamiento de Dios mayor es el esfuerzo de Dios para rescatarnos y que no hay pecado que pueda superar el amor de Dios en su búsqueda por salvar al pecador. Esto está fuera de duda y no requiere comentario alguno.

La pregunta que sí aún resta responder es cuál es el sentido de la salvación para la inmensa muchedumbre de personas que no delinquen, ni son violentos con sus familiares, ni caen en la prostitución. ¿Requiere salvación la persona que lleva una vida sana y normal, ama a su familia, es responsable en el uso de su cuerpo y promueve la solidaridad entre sus vecinos? ¿Tiene algo que decirle la Iglesia —el evangelio que ella predica— a esa señora que es honesta, cumple con sus obligaciones cívicas, es amable con sus prójimos y se duele de las injusticias, todo ello sin referencia a una fe religiosa? ¿De qué salva Cristo a ese señor o esa señora?

¿Qué es el pecado?

La salvación lo es del pecado y pecadores somos todos. La narración del Génesis 1—11 cuenta cómo Dios creó a los seres humanos en armonía con él y la naturaleza, y cómo su conducta los apartó de esa relación. La desmesura expresada en el relato sobre Adán y Eva, el asesinato de Abel, la violencia contra los débiles son varias escenas que muestran el pecado humano alejando a la persona de Dios y colocándola en conflicto con los demás y con la naturaleza. En última instancia, la lleva a un conflicto consigo misma tal como declara el apóstol Pablo: "no hago el bien que quiero sino el mal que no quiero, eso hago" (Romanos 7:19). A esta situación de alejamiento de Dios y de su plan para la vida de cada persona llamamos pecado. Luego esa situación se multiplica en pequeñas y grandes cosas, desde la mezquindad y la envidia personal hasta la organización de las guerras y la planificación económica de la miseria de millones; desde la mentira cotidiana hasta la violencia sexual; desde el deterioro por descuido de la fe hasta el fanatismo religioso.

No es fácil definir qué es el pecado. Lo vamos a decir de esta manera: el pecado es como un abismo en el alma donde debería haber cadencia, o como un silencio que domina el espacio cuando esperamos encontrar una voz. Donde hay pecado es porque algo falló; y cuando hurgamos vemos que lo que falla es la relación de sentido que debe unir las cosas y la vida tal como Dios las quiso, como si fuéramos un violín Stradivarius que desafina, hecho de la mejor madera, pero descabalado y raído que no llega a completar el círculo de aquello para lo que fue creado y se queda a mitad de camino entre la frustración y la promesa. El pecado es una ruptura y se manifiesta en el deterioro del vínculo entre lo que Dios dispuso para la vida y el camino que hemos decidido seguir.

El pecado es siempre más fuerte que nosotros. Y esta afirmación que puede no ser clara para muchos lo es para Dios, quien a fin de liberarnos de esa ausencia envió a su Hijo para que por su vida entregada completara la nuestra. Así entendida, la acción de Dios en Cristo consiste en salvar nuestras vidas del pecado dándonos una presencia que ofrece una nueva dirección y sentido a los días restituyendo la relación entre nuestra vida y su realidad —la de Dios— para que la promesa vuelva a ser vivida como tal y no como una expectativa infundada e ilusoria.

Queda aún la pregunta de si la salvación obrada por Cristo elimina el pecado de nosotros o si en cierta medida permanece. Nuestra opinión es que la derrota del mal mostrada en la cruz es total y definitiva; lo que es parcial es nuestra aceptación del evangelio y sus consecuencias para la vida. Por eso es que afirmamos que vivimos por la gracia de Dios, pero el pecado aún habita en nosotros. Son los pecadores —no aquellos que se creen santos y puros— los que reconocen la necesidad de Dios en sus vidas y claman por su ayuda porque saben que solos no pueden vencer aquellas fuerzas que los alejan de Dios y de una relación sana con sus prójimos. La salvación es la buena noticia de que somos rescatados y liberados del mal e invitados a reconstruir nuestra relación con Dios. Cuando decimos que el Señor nos limpia de todo pecado lo que estamos diciendo es que es por sus méritos y su fuerza que el pecado puede ser vencido en nosotros. En consecuencia, el creyente comienza a vivir de acuerdo con esa nueva realidad de no estar sujeto al vacío y a la muerte, aunque esas fuerzas aún permanezcan en lucha dentro de él.

Salvación aquí y más allá

Durante siglos de teología cristiana se ha considerado que la vida en la tierra era un período de prueba para demostrar si la persona merecía ser salvada o no. En esa concepción se ponía el énfasis en el más allá, donde por un lado estaba el lugar en el cual los salvados disfrutarían de la gracia eterna otorgada por el Señor (el paraíso, el cielo) y, por otro, allí donde aquellos que no accedieran a ese beneficio se perderían para siempre. Esta manera de entender la vida como un ejercicio de demostración de bondad en vista de un premio celestial reforzó la idea ya existente en ciertas formas de la cultura antigua de que todo lo que tuviera que ver con el aquí y ahora era marginal y accesorio y no merecía aprecio, a menos que estuviera vinculado a ganar un lugar en la vida eterna.

De este modo se desvalorizaba el progreso humano, tanto las relaciones sociales y culturales como la búsqueda del placer y el buen gusto, por considerarlos distractivos de lo que realmente debía interesar a la persona en el proyecto fundamental de adquirir salvación y vida eterna.

La reacción a esa concepción se expresó en términos casi opuestos. Se puede formular de este modo: nada podemos decir sobre la vida eterna o lo que suceda después de la muerte, ni tampoco debe interesarnos. Sólo podemos declarar como creyentes sobre aquello que tenga que ver con la vida presente en el aquí y ahora y por la cual el Señor se entregó en la cruz. De lo que suceda luego tan solo podemos confiar en que Dios no nos abandonará.

En esta manera de entender la fe cristiana se enfatiza la ética personal y social y sus consecuencias para la vida de las personas y los pueblos. Se insiste en que Dios está interesado en lo que nos pasa en esta vida y que tiene respuestas para los problemas de hoy en la tierra. Se suele señalar que las buenas acciones de solidaridad y justicia se deben hacer no en vistas de ganar un lugar en el cielo sino por compasión y compromiso con los que sufren y necesitan de nuestra ayuda, y que lo propio de la fe cristiana consiste en ser una herramienta para sobrellevar esta vida presente en armonía con Dios y el prójimo y así contribuir a humanizar el mundo trabajando por la justicia y la paz.

En nuestra opinión, estas dos perspectivas no fallan por lo que dicen sino por lo que callan. Cada una enfatiza un aspecto de la salvación que es real y correcto, pero se quedan a mitad de camino al ocultar el otro y así limitar la extensión del acto de salvación que irrumpe en la historia en todas sus dimensiones. Dicho de otra manera, los primeros dan cuenta del aspecto trascendente del evangelio y los segundos de su aspecto inmanente. También es necesario señalar que esta mutilación lesiona la propia comprensión en cada una de las propuestas y así ni lo trascendente está bien representado en los primeros ni la dimensión inmanente del evangelio lo está en los segundos. ¿Cómo podemos superar esta encrucijada?

Hay varias puertas para entrar en este tema y nosotros vamos a optar por abordarla desde la cuestión trinitaria. Lo hacemos porque es una doctrina fundamental del cristianismo y porque con pocas excepciones es aceptada por todas las Iglesias cristianas. Observamos que en ambas concepciones se opera una reducción de una de las personas de la trinidad a los atributos de otra. Cuando se concibe la vida cristiana sólo como un ejercicio en vistas de la vida eterna la dimensión humana de Dios expresada en su Hijo Jesús de Nazaret queda diluida y la persona del Hijo se hace instrumental al papel del Padre. Si Dios es eterno e inamovible, si es quien nos juzga y otorga un destino después de la muerte física, en consecuencia, la función de Jesús es *sólo* la de ser ejemplo de vida para que, imitándolo, adquiramos el derecho a la vida eterna. Su condición de "verdadero hombre" es disminuida a la función accesoria de mostrarnos cómo debemos actuar para agradar al Padre y recibir sus beneficios.

El problema es que en esta perspectiva —que se presenta como más "espiritual"— la persona de Jesús el Cristo pierde dimensión trascendente y queda reducida a lo que nosotros podamos aprender de él y a nuestra capacidad de imitarlo. En ello también se debilita el hecho de que lo que Cristo hizo —la salvación por él inaugurada— es irrepetible y no requiere de nuestro sufrimiento ni depende de él. De allí que el concepto de "imitación de Cristo" —tan caro a esta concepción— debe matizarse para evitar que se transforme en un desconocimiento de que el creyente vive por la gracia del sacrificio ya hecho y consumado y por la resurrección que siguió a la cruz. Nuestra vocación es anunciar la buena noticia del evangelio traída por Cristo, pero no imitar el sacrificio del Hijo. De más está decir que no estamos negando el valor de los creyentes que ayer y hoy han dado su vida por causa del evangelio, pero es necesario entender que en esos casos es un sufrimiento no buscado, es producido por circunstancias en la cuales el martirio fue la única opción para mantenerse fieles al Señor. El sufrimiento y la muerte por causa de la fe son el producto de la hostilidad del medio y de la violencia humana, y no una condición de Dios para la salvación de las personas.

En el otro extremo, cuando la preocupación se limita a lo que sucede en esta vida se pierde la dimensión cósmica de la persona del Padre, lo que impide ver que su papel comienza con la creación y se completa en el encuentro final de toda la creación en él mismo; en palabras teológicas, lo que ha sucedido es que se debilita la dimensión escatológica de Dios y en cierto aspecto se lo asimila a los atributos del Hijo. En este modelo, a Dios se lo considera creador, dador de vida y sostén de la historia, pero su papel parece limitarse a habernos dado su Hijo al solo efecto de que organicemos la vida aquí en la tierra de acuerdo con su voluntad. Se reduce la encarnación en Jesús a un solo costado —el humano— y queda debilitada la dimensión de "verdadero Dios" del Hijo.

Así, este énfasis en la inmanencia prefiere entender la resurrección de Cristo en términos de prolongación simbólica de la vida en otros actores sociales e históricos: el pueblo, los descendientes, la Iglesia, el arte, la vuelta al polvo para renacer en la naturaleza, etcétera, pero, siendo todos estos aspectos ricos en significación y valiosos por lo humano que representan, no dan cuenta del mensaje evangélico de que el Hijo tiene preparado un lugar para cada uno de aquellos que confían en él y entregan su cuerpo a la tierra.

Vida eterna ¿para quiénes?

De lo anterior surgen dos cosas que deseamos comentar en este momento. La primera es que aun cuando entendemos que hay continuidad entre nuestra vida terrestre —lo que hoy somos— y la vida eterna, no tiene sentido intentar describir como será esa vida eterna. Esa realidad supera nuestro entendimiento y razón y no por ello debemos negarle existencia. Se ha dicho que las células de la retina "entienden" los colores; pero si se les quisiera explicar qué es una melodía no tendrían ninguna posibilidad de comprenderlo. ¿Con qué palabras explicaríamos que existen colores y formas a las células del oído? Con la vida eterna nos pasa lo mismo. Nuestras facultades no están preparadas para entender con nitidez esa dimensión y el mismo Señor nos invita a la fe y la confianza en que el plan de Dios será para bien y contempla todas nuestras necesidades y expectativas.

Lo segundo es si concebimos la salvación como universal (es decir, para todos) o sólo para quienes hayan cumplido con la voluntad de Dios. Los que piensan en el primer sentido asumen que Dios en su amor tendrá en cuenta los condicionamientos sociales y psicológicos que llevan a hacer el mal a quienes lo hacen y que, por otro lado, no todos los actos nefastos fueron concebidos de esa manera sino que muchas veces son producto de buenas intenciones o de ver desde una perspectiva estrecha la dinámica de la vida. Se entiende que las personas actúan con bondad u odio movidas por sentimientos muy profundos que sólo Dios puede desentrañar, y que en última instancia primará el perdón y la compasión por sobre el castigo.

Quienes en otro sentido piensan que la salvación es sólo para algunos tienen a su favor buena parte de los textos bíblicos y el convencimiento de que en verdad somos plenos responsables de nuestros actos personales, sean estos morales o relativos al evangelio: quienes aceptaron la fe y vivieron de acuerdo con ella serán premiados y quienes no lo hicieron no disfrutarán de tal beneficio.

Es obvio que es un tema difícil no sólo porque tiene que ver con cuestiones en cierta medida abstractas sino fundamentalmente porque es un asunto que nos salpica a todos ya que es imposible hablarlo sin —quizás inconscientemente— estar incursionando en nuestro propio destino final. Por otro lado, es preciso evitar el error muy extendido de hacer nuestra propia lista de salvados y condenados, asumiendo la Iglesia —o, en ocasiones, personas individuales— la función que sólo a Dios cabe. Desde vergonzosas hogueras en el pasado hasta marginación de la comunión de la Iglesia en el presente, la práctica de juzgar con criterios humanos lo que sólo corresponde a la sabiduría divina ha deteriorado el testimonio de la Iglesia y la credibilidad de su mensaje, pero el mensaje bíblico una y otra vez sostiene que hay destinos distintos para justos y pecadores. ¿Qué podemos decir ante ello? A nuestro criterio, esta encrucijada encuentra un camino de solución si asumimos que sólo podemos hablar de salvación y condenación en sentido positivo, pero no en negativo. Es decir, la tarea de la Iglesia es anunciar la buena noticia de salvación en sentido positivo: Dios es amor y busca derramar su gracia y redimirnos limpiándonos de pecados y librándonos de la muerte. Además, podemos afirmar positivamente que aquellos que han aceptado el evangelio descansan en el Señor y fueron recibidos por él. Podemos afirmar claramente que cada creyente ha sido redimido por Dios y que ya disfruta aquí en esta vida de las primicias de su amor y disfrutará plenamente de su compañía cuando el Señor lo llame a dejar de caminar por esta tierra; pero no podemos hablar con autoridad en sentido negativo señalando quién no recibirá el amor de Dios o no tendrá un lugar en su casa. No nos ha sido dado el conocimiento para saber con qué criterios juzgará Dios a aquel que a nuestro entender ha llevado una vida alejada del Señor. Está en nuestras manos afirmar la condenación de Dios sobre el pecado, pero debemos guardarnos de extender esa condenación al pecador —al que, por el contrario, el evangelio nos invita a comprender y amar— a riesgo de estar haciendo aquello que el Señor no nos pide y para lo cual no nos ha capacitado.

13. ¿Para qué nos salva Cristo?

Una de las características de la fe cristiana es que la salvación anunciada y obrada por Cristo tiene un fin particular. La salvación da un nuevo significado a la vida del creyente y se manifiesta redirigiendo su vida de modo que el amor de Dios y su mensaje pasan a ser lo que mueve y da sentido a los días. Como tal, la salvación no es una forma de vida determinada ni debe entenderse como un único estadio superior del alma que adorna nuestra experiencia religiosa. No es tampoco un particular estado intermedio en camino hacia algo más sublime y lejano. Cualquiera de estas situaciones implicaría una reducción de la salvación cristiana a una práctica, una espiritualidad o una liturgia particular enmarcadas inevitablemente en formas culturales pasajeras; y la salvación —siendo que implica todas esas áreas de la vida y aún más— no debe confundirse con ninguna de las *formas* en que la experiencia humana expresa esa realidad. Muy por el contrario, la salvación obrada por la gracia de Dios actúa en nosotros rescatando nuestra vida y transformándola de modo que ahora ha de referir en su obrar a la realidad de su Reino y a la buena noticia de su salvación.

Rescatar los días y las horas

Una primera consecuencia de experimentar la salvación es darnos cuenta de que en Dios nada se pierde sino que él rescata nuestros pasos. Aquellas cosas que amamos no están destinadas a consumirse en el fuego que reduce todo a la nada porque donde hemos puesto el corazón y la vida queda una marca inalterable que no es percibida por nosotros ni depende de nuestra débil memoria. El Señor rescata todo lo bueno y lo retiene porque allí está la huella de lo que fuimos y de lo que él quiere que seamos. Así, el creyente vive en la íntima convicción de que, de alguna forma incomprensible, la piedra ya gastada recuperará su brillo, que volverá a vibrar la garganta que nos dio las mejores palabras y que aquella tarde o noche que nos marcó en lo profundo para siempre no se perderá con los últimos restos de nuestra frágil existencia.

La cruz y la resurrección dicen que ese tiempo privilegiado en el cual Cristo dio su vida por la nuestra fue un momento de amor sublime que redimió todos los momentos en los que el amor humano estuvo y está presente. Porque la encarnación —y la exaltación de lo humano que ella implica— no lo es sólo del cuerpo sino también del tiempo humano de los días y las horas en que desarrollamos nuestra existencia, de manera que su agonía y resurrección actúan de contrapeso definitivo y total para rescatar de la muerte todo aquello que tiene valor y que merece no ser olvidado. Lo hace no sólo para las grandes cosas sino especialmente para aquellas que pasan inadvertidas para casi todos. Se rescata aquella caricia, aquella entrega plena, la palabra dicha a tiempo, el gesto que levanta de la oscuridad al caído. En la certeza de la salvación ya no hay espacio para lamentar la pérdida de lo que fue, si esto expresó amor y solidaridad y si pusimos en ello todo lo mejor de lo que somos.

De modo que aquello que se aleja en el pasado y que pronto nuestra memoria cesará de evocar es rescatado por Dios y preservado como testimonio de que las obras del amor no se echan a perder más bien prosperan y permanecen; lo hacen aun a costas de nuestra inconciencia como se narra en Mateo 25:31—46 donde aquellos que amaron a Dios no lo sabían ("¿Cuándo te vimos con hambre y te dimos de comer...?" le preguntan a Jesús) y se sorprenden al saber que él sí había rescatado aquello que ellos mismos habían echado al olvido. Porque Dios distingue en lo profundo qué es lo que merece la eternidad y qué será olvidado y perecerá "como hierba del campo", las que en tierras bíblicas no duran más que una breve estación.

El proyecto de Dios

En la certeza de que las obras del amor son rescatadas por Dios y vencen la muerte, el cristiano siente que puede dedicar su vida al proyecto de Dios. Asimismo, se tiene la certeza de que hemos sido rescatados del poder del pecado y ello nos convoca a nuevos modos de relacionarnos con el prójimo y con Dios mismo, pero aquello que Dios espera de sus hijos e hijas no es sólo una actividad personal ya que refiere a la Iglesia toda. Tener en claro el proyecto de Dios para la vida es también contribuir al testimonio de la Iglesia, conduciendo de esa manera a que aquella relación con Cristo, que es personal e intransferible, se transforme en nuestro aporte al desarrollo mayor de la misión de la Iglesia de Cristo en el mundo.

Referirnos al proyecto de Dios para nuestra vida es aludir a lo que él espera del creyente y es riesgoso buscar reducirlo a algunas líneas, especialmente porque puede no haber acuerdo sobre cuáles son los rasgos de ese proyecto. Sin embargo, podemos afirmar que hay ciertos elementos en los que la cristiandad coincide.

Vivir de acuerdo con el evangelio supone depositar la fe en Cristo, amar a Dios y al prójimo, buscar la justicia para todos, ser solidario con los pobres y marginados, esperar en confianza el día en que el Señor nos llame a una nueva vida. Si repasamos este resumen —que sin duda es una simplificación—, observaremos que hay dos ámbitos: el de la fe y el de las consecuencias éticas. Se cree en Jesucristo, se cree en la vida eterna, se ama a Dios a quien no vemos; pero se trabaja por la justicia, se es solidario con los necesitados y se ama al prójimo a quien efectivamente vemos. De modo que el proyecto de Dios para la vida del creyente tiene esas dos dimensiones.

A cada una de ellas le corresponde una reflexión. La salvación recibida y reconocida nos habilita por un lado para crecer y madurar en la fe ahondándola a lo largo de toda la vida en un camino donde siempre hay un escalón más alto al que debemos aspirar. No se trata tan solo de creer sino de saber en qué Dios creemos y quién es el Cristo del que testificamos. De más está decir que el mismo evangelio nos previene sobre el asumir que porque se diga "Señor, Señor" (Mateo 7:21) se esté ya participando del proyecto de Dios, ya que a continuación coloca una cláusula de verificación: "el que hace la voluntad de mi Padre." De modo que la fe anunciada verbalmente debe verificarse en la práctica concreta de obrar la voluntad de Dios.

Por otro lado, la segunda dimensión que tiene que ver con hacer la voluntad del Padre (el aspecto ético del evangelio) debe también estar enraizada en la fe declamada. Se ama al prójimo porque Cristo nos amó primero; se trabaja por la justicia porque Dios hizo la creación en armonía y dignificó a los seres humanos; se perdonan las ofensas porque Cristo antes nos perdonó las nuestras. Las opciones éticas pueden en algunos casos ser compartidas con otras religiones y filosofías, pero lo propio del cristiano es que, habiendo sido rescatados por Cristo de la muerte y teniendo la seguridad de la vida eterna, puede ir más allá de su voluntad y dedicar su vida al servicio del prójimo. El camino está abierto: la fe conduce a las obras.

¿Fe versus obras, o fe y obras?

Lo dicho en el párrafo anterior pone delante de nosotros el tema de la fe y las obras. Ésta es una cuestión que fue centro de la discusión durante la Reforma encabezada por Martín Lutero y que hasta el presente ha dividido las aguas teológicas entre quienes enfatizan un aspecto y quienes el otro. También es cierto que no siempre se ha entendido el problema en su verdadera dimensión y, por lo tanto, en ocasiones se halla una tendencia a inclinarse por un lado u otro sin tener en cuenta qué es lo que está en juego. En pocas palabras, la cuestión puede enunciarse así: todas las Iglesias están de acuerdo en que el evangelio exige fe y exige una conducta acorde con esa fe (las "obras"). El punto está en discernir cuál es la relación entre ambas y cuál es el papel que la fe y las obras juegan en la salvación y en el proyecto de Dios.

Hasta la Reforma, la postura aceptada por la Iglesia era que las obras contribuían a adquirir salvación. Es decir, el creyente necesitaba de la fe para ser salvado, pero ésta no alcanzaba y era necesario reunir más créditos para acceder al cielo. Era preciso hacer una determinada cantidad de obras a fin de sumar méritos que nos acercaran al cielo y a la salvación. Estas obras podían serlo de solidaridad con el prójimo (atendiendo enfermos, ayudando a los pobres), de sufrimiento personal (retirándose al desierto a orar, flagelándose o abandonando los placeres del cuerpo), contribuyendo con bienes a la Iglesia (ofrendando para construir un templo, donando territorios).

La práctica de adquirir indulgencias —vigente hasta hoy en el catolicismo— consistía en acumular méritos para acceder a la salvación y a un lugar en el Reino de Dios después de la muerte. Hubo otras formas más de adquirir salvación a través de acciones humanas, pero más allá del uso poco serio para el cual se utilizaron algunas de estas formas, el modelo tiene un defecto esencial: coloca la decisión de la salvación de nuestro lado. En este modo de pensar somos nosotros los que a fuerza de sufrimiento, dinero o amor al prójimo nos ganamos la salvación.

Así, Dios nos concede la salvación que *nos merecemos* por los méritos que hemos acumulado multiplicando obras y esfuerzos y, en consecuencia, la salvación pasa a ser un derecho, como el de cualquier persona que paga por una propiedad y luego exige que se le reconozca su soberanía sobre ella. En el mejor de los casos es entendida como una recompensa (Dios recompensa mis sufrimientos aquí con eternidad en el más allá); en el peor —que no fue excepción sino regla— como una transacción celestial: yo le doy esto a Dios y él me retribuye con la salvación. También hay que considerar lo opuesto, como si Dios dijera: porque no me diste tal cosa no te premio con la salvación. Todo se agrava por la administración humana de estas transacciones celestiales donde la Iglesia cristiana mostró su lado más triste.

Ante tal teología —que, matizada y sin las aristas más agresivas, sigue, en términos generales, vigente en la Iglesia Católica— la Reforma ofreció una alternativa para entender la relación entre fe y obras. Su afirmación es que la salvación es una gracia, un regalo hecho por amor, y que nada que hagamos nosotros puede modificar ni acercar ese regalo de Dios. En la muerte en la cruz y en la resurrección, Cristo hizo todo lo necesario para nuestra salvación y nada ya nos exige. Porque, ¿qué clase de regalo es aquel por el que nos piden una paga? El creyente es invitado a creer en el evangelio, en el Cristo muerto y resucitado por nuestros pecados, y esa fe es la que le da la certeza y la tranquilidad de vida de la salvación que el Señor ya obró en nuestro favor. Una vez que el creyente sabe y experimenta la gratuidad de la salvación y descubre que nada se le pide a cambio, comienza a comprender que esa fe lo lleva a amar al prójimo y a obrar en consecuencia. Ha experimentado un acto de amor de parte de Dios y ese amor no puede esconderse ni es acumulable en nuestros bolsillos espirituales. De modo que las obras son consecuencia de haber recibido el amor y la certeza de la salvación y no el precio que hay que pagar para adquirirla.

Tampoco en esta perspectiva hay lugar para suponer que por nuestros esfuerzos y méritos nos hemos ganado el derecho a la salvación y menos a exigirla, porque el acto de salvación obrado en la cruz es de tal magnitud que no habría forma de pagarlo ni con toda la vida, porque —y esto es lo que realmente importa— Dios no espera ninguna retribución de nosotros por el derramamiento de su gracia. En resumen, podemos decir que las obras de la fe son la respuesta del creyente en gratitud a Dios por la salvación ya recibida y que surgen al conocer y experimentar el amor de Dios.

¿Qué fe, qué obras?

Es preciso comentar dos cosas. Lo primero es analizar de qué obras estamos hablando. En perspectiva evangélica las únicas "obras" que valen como respuesta a la acción salvífica de Dios son las que tienen como referente y motivo el amor al prójimo y el amor a Dios. El sufrimiento voluntario tiene sentido cuando es parte del proyecto de Dios y así lo es en función de mostrar el amor de Dios al prójimo, no cuando es sólo autoflagelación. La entrega de tiempo o bienes tiene sentido cuando es en beneficio del prójimo o del testimonio de la Iglesia, pero no cuando es entendida como una cuota con la cual compro mi salvación celestial. No se ora para ganar el cielo sino porque se tiene la certeza de que ya hemos sido liberados por Dios del miedo a la muerte y elevamos nuestra oración de gratitud, de alabanza o de intercesión confiados en que Dios está atento a nuestros sentimientos y necesidades, y sin que tengamos la necesidad, de ofrecerle nada a cambio.

Así, las obras que el creyente es llevado a hacer por el evangelio como acto de gratitud por la salvación están dirigidas a reflejar en otros el amor recibido de Dios. No tienen segundas intenciones, no están dirigidas a adquirir nada, no acrecentarán nuestra posición ante Dios ni nos asegurarán ningún privilegio. Deben ser gratuitas —como lo es el amor de Dios— para que sean un sincero acto de amor al prójimo y no un gesto que oculta la búsqueda de una recompensa que nada tiene que ver con el prójimo que tenemos delante. Esto es así porque en realidad el creyente da aquello que no le pertenece porque sabe que ese amor que comparte primero lo ha recibido de Dios. Si reconocemos que la vida es un don de Dios y que todo lo que tenemos y somos se lo debemos a él no hay motivo para no ser generosos y amplios en nuestra entrega y solidaridad con quienes nos rodean y necesitan, con la Iglesia y con el mundo. Por otro lado, es necesario también afirmar que las obras que no tienen como referente al prójimo o al testimonio de la Iglesia, por bien intencionadas que estén, no sólo son inocuas para la salvación sino que hacen perder el tiempo distrayendo al creyente de asumir el proyecto de Dios para su vida.

En segundo lugar, debemos recordar que en la práctica evangélica se corre el riesgo de creer que si la salvación es por la fe —y las obras en sí mismas no contribuyen a la salvación— se puede vivir una vida de fe sin obras, lo que en nuestra comprensión significaría sin las consecuencias éticas de la fe cristiana. La propia definición de salvación como gracia recibida gratuitamente debería anular esta posibilidad porque, ante la inmensidad del regalo, el gesto de gratitud es una consecuencia inevitable. Sin embargo, en ciertos sectores del pueblo evangélico propenso a asumir una teología muy estrecha que a veces no contempla la doble dimensión del proyecto de Dios para la vida de cada creyente puede llegarse a esta situación. Obviamente, es una actitud teórica y no práctica, ya que no puede vivirse una fe bíblica sin que textos como "ama a tu prójimo como a ti mismo" (Lucas 10:27) o "bienaventurados los que tienen hambre y sed de justicia" (Mateo 5:6) empujen al creyente a obrar en consecuencia o sencillamente a caer en una distorsión de la fe que intenta profesar; pero por teórica o absurda que nos parezca no debemos minimizar su riesgo y eventual presencia en nuestras Iglesias. A nuestro criterio, para evitar este error es necesario señalar que las obras son una consecuencia visible de la fe que es invisible. De modo que aquel que invoque la fortaleza de su fe, pero no verifique esa fe en obras visibles, probablemente no esté lo suficientemente maduro en lo que cree, o tiene una imagen de su fe superior a lo que ella es en realidad. Las obras son el fruto de la fe y son a la vez su verificación. Cuando creemos, amamos a Dios y al prójimo y, al hacerlo, inevitablemente surgirán obras que expresen esa manera de entender la fe y la vida. Si no están allí es porque algo anda mal en esa fe o en esa vida.

14. NUESTRA FE Y NUESTRA MISIÓN: EL ESTANQUE SE SACUDE

El relato

Las aguas del estanque están tranquilas y nada exige un cambio en la situación. Todo parece estar bien y los pocos movimientos que se perciben no perturban la quietud ni la comprometen. Ha sido así siempre y no se esperan cambios. De repente, sin saber cómo, cae una piedra en el centro. Es una piedra pequeña, casi insignificante. No hizo ruido, no parece modificar nada, pero ahora un pequeño círculo se ha formado justo en torno al lugar de su caída y comienza a expandirse, y su leve movimiento genera un nuevo círculo que nace en aquel punto. A cada instante, el primer círculo crece y van naciendo nuevos círculos que agitan las aguas y van quebrando la quietud, van despertando el estanque. El agua comienza a agitarse. Ya el primer círculo alcanza la orilla, pega en los bordes, los pájaros sorprendidos se elevan y anuncian que algo ha sucedido en el estanque, que la quietud se está convirtiendo en movimiento. Desde el aire lo ven distinto, con una actividad creciente siempre naciendo de ese misterioso punto central. Los pájaros vuelan lejos, se pierden en el cielo infinito en todas direcciones y anuncian que en el estanque hay cambios.

Los primeros círculos: la persona

El desafío expresado en Marcos 16:15 "Id por todo el mundo y predicad el evangelio a toda criatura" se ubica en el centro del estanque. En general, es simple entender los primeros círculos, los más cercanos. Éstos tienen que ver con nuestra vida personal e incluso privada. El evangelio comienza siempre por una decisión personal, un aceptar que el mensaje de Jesucristo es esencial a nuestra vida y que nos comprometemos a vivir en acuerdo con él. Nadie puede quitar a una persona el derecho de decidir por sí misma si desea aceptar el evangelio o no. Nadie debe imponerlo. Sin el primer círculo los demás pierden sentido. Sencillo como es —y tengamos en cuenta que hasta aquí llegó la predicación tradicional de las Iglesias— hoy este primer círculo de la fe personal se ve desafiado por los dos extremos: por un lado, una fuerza individualista como nunca se sintió en la historia. Una afirmación de que lo único que vale es mi propio y exclusivo interés, mis sentidos y mis gustos. Ese individualismo implica la despreocupación por el prójimo y sus problemas y destino, y la exaltación de una forma de vida que desconoce los vínculos con los demás. Con un ropaje más o menos intelectual, esta postura tiene representantes teológicos y filosóficos y apenas si puede disimular que no ofrece otra cosa más que un egoísmo radical. Se afirma que sólo existe ese círculo y que lo demás no interesa a nuestra fe y nuestra salvación.

Por el otro lado, hoy presenciamos una enorme energía puesta al servicio de anular la persona, diluirla en las masas, matar toda diferencia y crear una suerte de raza, cultura, lenguaje planetarios, que pretende universalidad, pero que se revela como una falsa aldea global, ya que en definitiva no hace más que imponer una cultura sobre las otras a través de los medios de comunicación de alcance mundial. Es el camino contrario al anterior: se anula a la persona por la vía de negarle entidad a ese primer círculo de su vida privada. Cada vez hay menos privacidad, el círculo no existe y, por lo tanto, otros deciden por nosotros.

Ampliando la misión

Esto último nos conduce a los círculos mayores donde el evangelio se va expandiendo y abarcando otras porciones de la realidad. Llegamos al ámbito de la sociedad y la cultura. La fe cristiana está en las mejores condiciones para entender la dinámica relación entre fe y cultura. Tan sólo necesita repasar su propia historia y su origen en los que desde un principio estuvo presente el diálogo de las culturas y los pueblos. Aquella fe de Abraham, un semita de la antigüedad, se expandió por mano del judío Pablo por la Europa en ese entonces dominada por la cultura grecorromana. Luego conoció otras tierras más lejanas: Asia, África, los mares, luego América; pero a partir de ese momento en su expansión no siempre respetó sus propios principios. La Iglesia sometió cuando debía dialogar; hizo la guerra cuando debía trabajar por la paz; obligó cuando debía invitar; desconoció la dignidad de la mujer y la colocó en un segundo lugar reforzando los mecanismos de opresión; condujo al odio cuando debía amar. Llenó su boca con palabras y negó sus oídos a la voz del otro. Por difícil que sea separar el evangelio del envase cultural en que inevitablemente se ha de presentar, hoy somos conscientes de que la misión que la Iglesia debe encarar no puede hacerse disociada de las culturas, las lenguas, la vida de aquellos a quienes nos dirigimos con el evangelio de Cristo. De ninguna manera anunciar el evangelio de Cristo es proclamar la superioridad de una cultura sobre otra sino que es invitar a hacer carne en la vida el amor de Cristo, quien pondrá en movimiento nuestro estanque y cambiará nuestra vida de acuerdo con su Espíritu.

Es evidente que los círculos que involucran la cultura humana son inmensos y que el evangelio no puede ser ajeno a los procesos políticos, económicos, sociales. Una guerra no es sólo el fruto de la rivalidad entre dos pueblos o razas, como una vulgar propaganda puede inducir a pensar. Basta con mirar detenidamente y es fácil encontrar intereses económicos, historias de opresión, humillaciones a veces centenarias ejercidas por países o sus empresas representantes, que se conjugan y estallan llevándose miles de víctimas inocentes. Las deudas externas, que ahorcan a los pueblos pobres, que fueron creadas por presión y para beneficio de los pueblos ricos, hoy son una de las fuentes de la creciente miseria y sometimiento sobre pueblos que ya antes de ella se debatían en condiciones sumamente limitadas de supervivencia. La creación de millones de excluidos del sistema de producción, condenados a la marginalidad, a la más absoluta pobreza, conduciendo a muchos a una involuntaria delincuencia, todo en el marco de la sospecha de que esto no es la consecuencia no deseada de un determinado modo de producción sino la decisión política consciente y deliberada para acelerar la concentración de riqueza y poder en pocas manos, desandando décadas de conquistas obreras y sindicales y creando formas modernas cada vez menos sutiles de esclavitud.

Aún más allá...

Al Dios creador del estanque todo le interesa. Recordemos que dice "... id por *todo* el mundo..." Y quienes asumen su mensaje no pueden eludir esa responsabilidad. Luego descubrimos que hay otros círculos más allá de estos: el medio ambiente, el ser mujer y ser varón, el impacto de los nuevos medios de comunicación. Los cristianos no podemos desoír las voces de científicos de todas las latitudes que advierten sobre el veloz deterioro de la vida en la tierra y sus consecuencias. Se está haciendo peligrar la vida en el planeta y, sin embargo, se desoye el clamor de quienes intentan detener este infernal proceso. Paralelamente, se continúa con la destrucción de bosques, el saqueo de los mares, la explotación indiscriminada de especies en extinción.

La humanidad ha ido tomando conciencia muy lentamente y a un costo muy alto de que en las distintas culturas y con diversos mecanismos y modalidades las mujeres no han tenido el mismo trato ni los mismos derechos que los varones. Hoy debemos afirmar que se ha humillado y discriminado injustamente, y que el proceso de reencuentro de varones y mujeres en equidad es no sólo una exigencia de la ética social sino que para los cristianos debe ser una respuesta a la verdad bíblica de que Dios nos creó "varón y hembra" (Génesis 1:27) y nos bendijo por igual. Podríamos continuar analizando círculos mayores. El impacto de los medios que nos acercan y nos separan a la vez. La brecha informática que nos permite ver una guerra en vivo y nos impide saber qué sucede en la aldea vecina. La situación de la niñez cada vez más desprotegida o la de los jóvenes sin esperanza que no pueden vislumbrar un futuro para sus vidas. ¿Qué clase de sociedad nos espera y cuál es la respuesta cristiana a esa realidad? ¿Qué esperamos que suceda para comenzar a proclamar la insensatez de un mundo dividido entre países cada vez más fuertes y otros cada vez más débiles haciendo peligrar la totalidad de la vida sobre la tierra?

Más sobre la misión cristiana

Cuando, al final de cada evangelio, Jesús encomienda a los discípulos que continúen con la misión les da dos cosas: una *tarea* ("Id por el mundo...") y una *promesa* ("Yo estaré con ustedes..."). La tarea es una actividad que se debe llevar a cabo, es una acción, o mejor, una suma de acciones que nos son encomendadas. La promesa es una invitación a la fe, a creer en ella, ya que no es un acto visible ni material. ¿Cómo se relacionan nuestra fe en la promesa de Jesús con la tarea encomendada, es decir, nuestra misión?

La sociología ha mostrado que todo proyecto, para desarrollarse, necesita de un fundamento espiritual, algo que algunos llaman una *mística*, un "algo más que las meras acciones planificadas" que le den un sentido trascendente a lo que hacemos. Así, desde la construcción de un club vecinal hasta la organización de un proyecto político están sustentados por determinados valores espirituales que amalgaman las voluntades y les dan orientación. Es habitual oír decir que tal o cual emprendimiento es fruto de la pasión de un grupo de personas enamoradas de él, cuya fuerza empuja al resto hacia la concreción de ese sueño. Lo primero es el proyecto, luego viene la mística, la pasión por llevarlo a cabo.

Pero cuando vamos a nuestra fe nos encontramos con que el orden se ha invertido. Los cristianos no somos un pueblo que posee una misión en busca de un sustento espiritual que le dé sentido. No vislumbramos una tarea por delante y salimos a convencer al prójimo de que hay un fundamento trascendente para esas acciones. El cristiano es un pueblo que posee una espiritualidad fundada en la fe en que el Espíritu Santo estará con él "hasta el fin del mundo", y esa fe lo lleva a desarrollar un proyecto en la comunidad que lo rodea, a encarar la misión de la Iglesia. Esa espiritualidad se construye a partir de la fe en las promesas de Dios y en la confianza de que él no ha de abandonar a su pueblo. Luego, y como consecuencia de haber recibido esa gracia y por gratitud a Dios, el creyente entiende que la misión de anunciar y vivir el evangelio incluso en sus aspectos éticos y relacionales, no es un deber moral sino una acción libre en respuesta a todo lo que hemos recibido y estamos seguros *vamos a recibir*. Porque una vez que aceptamos la presencia de Dios en nuestra vida ya no sólo percibimos lo que significa eso en nuestro pasado y presente sino en la confianza de que también el futuro está en sus manos. Ése es el sentido del Salmo 23 cuando dice "aunque pase por valle de sombra de muerte no temeré mal alguno". En esas palabras no se expresa gratitud por lo ya vivido sino una profunda confianza en lo por venir, fruto de la experiencia de haber transitado con fe los días hasta ese momento.

Sin embargo, e incluso habiendo experimentado esa confianza, el Señor respeta nuestra personalidad y autonomía y nos permite preguntarnos: ¿Nos interesa la tarea de proclamar el señorío de Cristo por encima de los intereses económicos, raciales, culturales y políticos? ¿Estamos dispuestos a pagar el precio de ir contra la corriente que dice que no es posible hacer otra cosa, buscar otro destino ni construir otra sociedad, o que debemos resignarnos porque éste es el menor de los males? (Mientras uno se pregunta cómo puede ser un mal menor la condena de millones a la desesperanza, el hambre y la muerte). Siempre existe la posibilidad de rechazar el ser parte de la misión, quedarnos en casa y ser testigos mudos y sordos de cómo el mundo se resquebraja y la sociedad se autocondena al sinsentido.

En el mismo momento en que nos hacemos estas preguntas es bueno recordar que, si somos verdaderos discípulos de Cristo, no hay demasiadas opciones a este camino. Así como el Señor le dijo a Mateo "sígueme" y éste no pudo más que ir en pos de ese proyecto de vida al que era invitado, del mismo modo nuestra misión no es un camino entre otros, ni una posibilidad intercambiable con otras. Más bien hay que llamarlo una *invitación irresistible* a ser seguidores de Jesús y a ser testigos insobornables de la Palabra de vida y esperanza que él proclamó. De allí que esa espiritualidad y esa mística no serán ingredientes secundarios y adicionales a la tarea misionera sino que estarán en la esencia misma de esa acción. Serán parte de ella y la alimentarán, a la vez que servirán de crítica (o autocrítica) para evitar que nos desviemos de la misión misma. No obrarán como un elemento separado sino como aquello que conforma un cuerpo único e indivisible con la totalidad de nuestra vida y misión.

La misión: compartir tareas

La tarea encomendada a la Iglesia es mucha y no podemos enfrentarla solos. Ahora deseamos señalar tres aspectos de la misión cristiana que es necesario tener en cuenta para comprender la necesaria participación de cada creyente en la misión:

En primer lugar, debemos recordar que toda misión cristiana es *común* a otros cristianos. No puede reducirse ni a los pastores o pastoras, ni a los dos o tres hermanos que lideran una congregación, ni a sólo nuestra denominación. Pedro en Galilea y Pablo en Europa desarrollaron una misión simultánea y común a ambos, pero estaban secundados por un anónimo grupo de convertidos que los acompañaron en cada nueva tarea y en cada lugar donde se plantaban a predicar. Tuvieron que encontrar el lenguaje adecuado para cada situación, los ejemplos y símbolos que fueran comprensibles por cada cultura, pero el mensaje era el mismo. Hoy más que nunca sabemos que vivimos en un planeta pequeño, y que las decisiones tomadas en un lugar afectan al resto de la humanidad. La Iglesia cristiana no puede eludir esta realidad sino, por el contrario, aprovecharla para dar un mensaje que contemple las consecuencias de la acción de unos sobre los otros.

En segundo lugar, que el amor de Dios es ofrecido a todos. Dios ama a la persona afortunada como al pobre. Ama al intelectual como al trabajador manual, ama al maestro como al policía. El amor de Dios está con cada uno de ellos, pero las exigencias son distintas. Dios está del lado de la víctima, del desposeído; Dios escucha el clamor del que sufre. De acuerdo con el lugar que ocupamos en la sociedad, el evangelio nos presenta obligaciones éticas que debemos enfrentar. La misión asumida por todos también supone una responsabilidad de parte de aquellos que poseen dones (materiales, intelectuales, espirituales...) de compartirlos con amor y generosidad. Es interesante observar cómo el compartir genera vínculos entre los creyentes que el tiempo no logra destruir. Si una tarea es fruto de varias manos tendrá un sabor y un valor que la obra individual nunca ha de alcanzar.

Finalmente, que el amor del creyente debe ser amplio y generoso. El ejercicio del amor cristiano no es sólo dar de lo que tenemos. Probablemente lo más importante y desafiante es estar dispuesto a descubrir lo valioso que el otro tiene para ofrecerme. No solemos estar acostumbrados a buscar los dones de los demás y tomarlos como regalo de Dios para la Iglesia. Si nuestros hermanos tienen necesidades debemos ayudarlos, pero también debemos mirarlos a los ojos, porque allí hay riquezas profundas que cambiarán nuestra vida. Así nos alegraremos al descubrir que los ricos también son pobres y que en el marco de la fe cristiana los pobres tienen riquezas para compartir, las que no pueden ser compradas con dinero.

BIBLIOGRAFÍA

Barth, Karl, *Introducción a la teología evangélica*, Buenos Aires, La Aurora, 1986.

Boff, Leonardo, *Eclesiogenese*, Petrópolis, Vozes, 1977.

Bonhoeffer, Dietrich, *El precio de la gracia*, Salamanca, Sígueme, 1968. Especialmente la parte II "La Iglesia de Jesucristo y el seguimiento".

Grdzelidze, Tamara (ed.), *One, Holy, Catholic and Apostolic, Ecumenical Reflexion on the Church*, Ginebra, WCC Publications, 2005.

Míguez Bonino, José, *Hacia una eclesiología evangelizadora. Una perspectiva wesleyana*, San Pablo, Editeo/Ciemal, 2003.

Moltmann, Jürgen, *La iglesia, fuerza del espíritu*, Salamanca, Sígueme, 1978.

Padilla, René y Tetsunao Yamamori (eds.), *La iglesia local como agente de transformación: una eclesiología para la misión integral*, Buenos Aires, Kairós, 2003.

Rodríguez, José David, *La Iglesia, signo y primicia del reino*, México, CLFT, 2003.

Segundo, Juan Luis, *Teología abierta para el laico adulto 1: Esa comunidad llamada Iglesia*, Buenos Aires, Lohlé, 1968.

Stockwell, B. Foster, *¿Qué es el protestantismo? ¿En qué podemos creer?*, Buenos Aires, La Aurora, 1987.

The Nature and Purpose of the Church, Fe y Constitución, Documento 181, Ginebra, CMI, 1998.

The Nature and Mission of the Church. A Stage on the Way to a Common Statement, Fe y Orden Documento 198, Ginebra, CMI, 2005; hay traducción castellana: *Naturaleza y misión de la Iglesia. Una etapa en el camino hacia una declaración común*, Buenos Aires, ISEDET, 2006.

ÍNDICE

Palabras liminares 7
Prefacio 9

I. SER IGLESIA

1. ¿Pueblo de Dios o Cuerpo de Cristo? 17
La Iglesia como pueblo de Dios 18
La Iglesia como cuerpo de Cristo 21
Nadie puede ser Iglesia por nosotros 24

2. Ser Iglesia evangélica (y católica) 27
La Iglesia visible y la Iglesia invisible 27
Ser Iglesia evangélica y católica 30
La unidad de la Iglesia de Cristo 35

**3. ¿Es la Iglesia una institución perfecta?
(¿Soy yo perfecto?)** 37
Un error bastante común: la Iglesia no peca 37
La Iglesia de cada día 41
Nosotros y la Iglesia 44

4. La Biblia ¿es la Palabra de Dios? 47
¿La Biblia es o contiene la Palabra de Dios? 49

Y el verbo se hizo literatura 51
La Iglesia y la Palabra. 55

5. ¿Una Iglesia sin espiritualidad? 57
Espíritu y materia ¿se oponen?. 59
Fe y acción evangélica 61
Crítica y autocrítica. 63

6. La espiritualidad del creyente 67
Lo que hay adentro. 68
La espiritualidad cristiana 70
La espiritualidad y la Iglesia. 74

7. La Iglesia misionera 77
Tres dimensiones de la misión 79
La Iglesia en actitud misionera. 83

II. Cristo y nosotros

8. ¿Quién decimos que él es? 89
El Cristo y los Cristos 89
¿Quién decimos que él es? 93
¿Cómo hablar de Cristo hoy? 94
El Cristo de la Iglesia y el Cristo de la calle 95

9. Recordar nuestro bautismo
(¿Quién soy yo?) 99
¿Cuál es tu nombre?. 100
El agua y las palabras. 103

¿Magia o fe?.................................104
Bautismo y rebautismo......................107

10. La mesa del Señor (¿Quiénes somos?).....111
La mesa ancha..............................111
Cristo está presente ¿pero cómo?............115
El pan y el vino............................118

11. Proclamar la Palabra:
¿el tercer sacramento?.....................121
Así dice el Señor...........................123
Predicar la Palabra.........................125

12. ¿De qué nos salva Cristo?...............131
¿Qué es el pecado?..........................132
Salvación aquí y más allá...................134
Vida eterna ¿para quienes?..................138

13. ¿Para qué nos salva Cristo?.............141
Rescatar los días y las horas...............141
El proyecto de Dios.........................143
¿Fe versus obras, o fe y obras?.............145
¿Qué fe, qué obras?.........................147

14. Nuestra fe y nuestra misión:
el estanque se sacude......................151
El relato...................................151
Los primeros círculos: la persona...........152

Ampliando la misión 153
Aún más allá 155
Más sobre la misión cristiana 156
La misión: compartir tareas 158

Bibliografía 161

¿Qué es ASIT?

La Asociación de Seminarios e Instituciones Teológicas es un espacio de encuentro, diálogo, intercambio, consulta y reflexión fraternal. Existe para colaborar con las instituciones teológicas evangélicas y canalizar algunas de sus expectativas, respetando la identidad, tradición y líneas teológicas de cada una de ellas. Su carácter es consultivo y ejecutivo en aquéllos proyectos que surgen de sus miembros y reclaman una acción conjunta e integrada.

La tarea de estas instituciones es ampliar la visión del Reino de Dios. Por eso ASIT pretende estimular esta tarea en una fecunda experiencia de auténtico y bíblico ecumenismo basado en un profundo respeto y consideración fraterna de todos los grupos evangélicos. De esta manera y con este espíritu, ASIT está abierta a todas las instituciones evangélicas dedicadas a la educación teológica, cualquiera sea su nivel de estudios.

ASIT está interconectada con América Latina y el mundo. Es miembro fundador de WOCATI *(World Conference of Associations of Theological Institutions)* y mantiene vínculos fraternales con otras Asociaciones similares como ASTE (de Brasil), ALIET (asociación que trabaja desde Perú hacia el norte de América Latina) y CETELA (que integra a los seminarios ecuménicos de América Latina).

En la actualidad está formada por casi cincuenta instituciones en Argentina, Chile, Paraguay, Uruguay y Bolivia, países dentro de los cuales se realiza la tarea de la Asociación.

El 20 de Noviembre de 1963, en una Asamblea constitutiva se formó la Asociación Sudamericana de Instituciones Teológicas, que más tarde se llamaría Asociación de Seminarios e Instituciones Teológicas. Este acontecimiento fue el resultado de varios años de consultas y acercamientos entre instituciones, que iniciaron entre otros, el Dr. Foster Stockwell, rector de la entonces Facultad Evangélica de Teología de Buenos Aires y el Dr. Guillermo Cooper, rector del Seminario Internacional Teológico Bautista de la misma ciudad. El 8 de Mayo de 1964 se realizó la Asamblea Ordinaria de la Asociación en las instalaciones de la Facultad Evangélica de Teología.

ASIT fue gestora de un ambicioso proyecto, que vio la luz en 1974 con la formación de la Comisión de Estudios de la Historia de la Iglesia en América Latina (CEHILA), que abrió la posibilidad a la participación y al aporte de especialistas e instituciones.

Cinco áreas de trabajo constituyen los medios de contribución de ASIT a las instituciones de educación teológica:

La Comisión de Bibliotecas, que asesora y capacita profesionalmente a las bibliotecas de las instituciones que lo requieren, y las asiste en la tarea de informatización de las bases de datos.

De la necesidad de mejorar el nivel pedagógico de la enseñanza en las instituciones y atender a nuevas metodologías que sean alternativas a la educación tradicional, surgió la Comisión de Nuevas Alternativas en Educación Teológica que ha colaborado en consultas sobre estos asuntos.

La Comisión de Evaluación y Acreditación ha contribuido en la tarea de elevar el nivel de las instituciones y crear un reglamento que sirva para el intercambio de estudiantes entre los distintos seminarios. Actualmente está en un proceso de dar a este reglamento un carácter más amplio que el regional a partir de la posibilidad de gestar acuerdos con otras asociaciones.

El entrenamiento para la tarea de cuidado de las personas es enriquecida a través de la Comisión de Psicología Pastoral, que coordina anualmente el Programa Unido de Psicología Pastoral, como un brazo de teología práctica.

La Comisión de Publicaciones es responsable de la producción escrita de ASIT, que se expresa en la edición bienal de la revista "Encuentro y Diálogo", primero aparecida en forma de boletín y actualmente como revista, con materiales de las consultas y eventos especiales. Un medio que sirve en la tarea de comunicación de las instituciones de ASIT. Además, la asociación lleva adelante la edición de las series "Biblioteca de Psicología Pastoral", y "Biblioteca de Teología". Ambas son muestras del encuentro flexible de distintos sectores de pensamiento del mundo evangélico.

Hoy ASIT se complace en poner en sus manos un aporte ecuménico del mundo protestante, en este desarrollo de teología de la Iglesia

"Ser Iglesia", que con seguridad resultará útil no sólo en el ambiente académico sino para el interés renovado de mujeres y hombres que siguen a Jesucristo bajo un sentido de compromiso vital.

Guillermo Steinfeld
Secretario Ejecutivo